Wilhelm Nicolai

# Ist der Begriff des Schönen bei Kant konsequent entwickelt?

Wilhelm Nicolai

**Ist der Begriff des Schönen bei Kant konsequent entwickelt?**

ISBN/EAN: 9783744610506

Hergestellt in Europa, USA, Kanada, Australien, Japan

Cover: Foto ©ninafisch / pixelio.de

Weitere Bücher finden Sie auf **www.hansebooks.com**

# st der Begriff des Schönen bei Kant consequent entwickelt?

Inaugural-Dissertation

zur Erlangung der Doctorwürde

der philosophischen Facultät zu Kiel

vorgelegt von

## Wilhelm Nicolai

aus Allstedt.

Opponenten:

Herr Maynard Müller, cand. phil.

Julius Schmedes, cand. phil.

Franz Ahlgrimm, cand. phil.

**Kiel.**

Druck von H. Fiencke.

1889.

# Meinem lieben Vater

in Dankbarkeit gewidmet.

# Inhaltsübersicht.

## A. Erster allgemeiner Teil.

## B. Zweiter besonderer Teil.

## C. Anhang.

Die von mir benutzten Bücher sind:

Kant: Kritik der reinen Vernunft.

Kant: Kritik der praktischen Vernunft.

Kant: Kritik der Urteilskraft.

Kant: Prolegomena zu einer jeden künftigen Metaphysik, die als Wissenschaft wird auftreten können.

Kant: Beobachtungen über das Gefühl desSchönen und Erhabenen.

Kant: Principiorum primorum cognitionis metaphysicae nova dilucidatio.

Kant: Versuch, den Begriff der negativen Grössen in die Weltweisheit einzuführen.

Kant: Ueber Philosophie überhaupt.

Kant: Anthropologie in pragmatischer Hinsicht.

Kant: Allgemeine Naturgeschichte und Theorie des Himmels etc.

Kant: Von den verschiedenen Racen der Menschen.

Kant: Vom Gebrauch der teleologischen Principien in der Philosophie.

Ich citiere nach »J. Kants sämmtliche Werke«. In chronologischer Reihenfolge herausgegeben von G. Hartenstein, Leipzig, 1867.
und nach: »Kants sämmtliche Werke, herausgegeben von K. Rosenkranz und W. Schubert,« Leipzig, 1838.

Ferner: G. Glogau: Abriss der philosophischen Grundwissenschaften.

I. Bd. Die Form und die Bewegungsgesetze des Geistes 1880).

II. Bd. Die Formen des bewussten Geistes (1888).

Das letzte Werk diente häufig auch da zur Norm, wo ich nicht im Stande war, meine Entlehnungen im Einzelnen anzugeben.

Ferner: K. Fischer: Geschichte der neueren Philosophie, Heidelberg, 1868, besonders Bd. III u. Bd. IV.

# A. Erster allgemeiner Teil.

Um die Frage, ob der Begriff des Schönen bei Kant consequent entwickelt sei, zu lösen, haben wir vorwiegend zwei [1]) Werke Kant's in den Kreis unserer Betrachtung zu ziehen. Erstens eine Abhandlung, welche unter dem Titel : Beobachtungen über das Gefühl des Schönen und Erhabenen« im Jahre 1764 erschienen ist, und zweitens den ersten Teil von Kant's im Jahre 1790 erschienenen Kritik der Urteilskraft , welcher die Ueberschrift Kritik der aesthetischen Urteilskraft« trägt.

Nun ist es allerdings ausschliesslich die Kritik der Urteilskraft, welche Kant's Ansichten über die Principien des aesthetischen Urteils enthält, während die kurze, im Jahre 1764 erschienene Abhandlung vielmehr eine Menge e m p i r i s c h e n M a t e r i a l s darbietet, ohne bis zu den letzten Gründen unseres Wohlgefallens am Schönen vorzudringen. Gleichwohl dürfen wir sie nicht vollständig übergehen, da sie uns ein anschauliches Bild davon giebt, wie Kant eine Fülle empirischer Beobachtungen verarbeiten musste, bevor er durch eine kritische Prüfung unserer Gefühlsvermögen ein Princip finden konnte, welches zur Erklärung unseres Wohlgefallens am Schönen geeignet schien, und wir also

---

[1]) An dritter Stelle könnte man d as I I. B u c h von Kant's »Anthropologie in pragmatischer Hinsicht« (erschienen 1798), welches »das Gefühl der Lust und der Unlust« behandelt, in Betracht ziehen. Da aber der Abschnitt dieses II. Buches, welcher in Beziehung zu unserem Thema steht (vom Gefühl für das Schöne etc. ed. Hartenstein Bd. VI S. 558—570, ed. Rosenkranz u. Schubert Bd. 72 S. 155—160) nur eine kurze Recapitulation der hauptsächlichsten Fragen, welche die Kritik der aesthetischen Urteilskraft behandelt, bietet, ohne neue Gesichtspuncte für die Behandlung dieser Fragen aufzustellen : so sehen wir von einer besonderen Besprechung dieser Kantischen Schrift ab und lassen es bei mehrfachem Hinweisen auf dieselbe bewenden.

1

durch sie Kant in einer früheren Phase seiner aesthetischen Entwickelung kennen lernen.

Wir wollen uns daher in Kürze den Inhalt dieser Abhandlung  Beobachtungen über das Gefühl des Schönen und Erhabenen  vergegenwärtigen, bevor wir zu einer
Besprechung von Kant's Kritik der Urteilskraft schreiten.

Beobachtungen über Kant geht in der genannten Abhandlung von der Bemerkung
das Gefühl des Schönen aus, dass die Eigenschaften »schön und erhaben nicht eigent-
und Erhabenen, Ab-
schnitt I (ed. Harten- lich den Gegenständen selbst zukommen, sondern vielmehr auf
stein Bd. II S. 229-232, dem jedem Menschen eigenen Gefühl, dadurch mit Lust und
ed. Rosenkranz und
Schubert Bd. IV S. Unlust gerührt zu werden«, beruhen.
399-403).

Nach diesen Vorbemerkungen schliesst er von seiner Besprechung die rein sinnlichen Vergnügen aus: er will nicht von
dem Genuss, den eine gute Tafel, eine plumpe Tischunterhaltung, die Erringung eines kaufmännischen Vorteils oder die
Jagd gewährt, sprechen, sondern von einem Gefühl »feinerer Art«,
welches deshalb weniger Übersättigung im Gefolge hat, weil es
eine Reizbarkeit der Seele zur Voraussetzung hat, welche diese
zur Tugend geschickt macht.

Dieses feinere Gefühl nun ist zweifacher Art: entweder ist
es ein Gefühl für das Erhabene oder für das Schöne.

Wollen wir die Verschiedenheit der Wirkung des Schönen
und des Erhabenen auf das Subject charakterisieren, so werden
wir sagen: »das Schöne reizt, das Erhabene rührt; wollen
wir auf der anderen Seite Objecte bezeichnen, welche eine derartige Wirkung auf uns ausüben, so werden wir behaupten: »Hohe
Eichen und einsame Schatten sind erhaben; niedrige Hecken
und in Figuren geschnittene Bäume sind schön, die Nacht ist
erhaben, der Tag ist schön. Wollen wir uns endlich über
die Beschaffenheit der erhabenen und der schönen Gegenstände
unterrichten, so erfahren wir: »Das Erhabene muss jederzeit
gross, das Schöne kann auch klein sein; das Erhabene
muss einfältig, das Schöne kann auch geputzt und geziert sein.«
Das Erhabene wiederum lässt sich einteilen in das Schreckhaft-
Erhabene, das Edle und das Prächtige.

Hierdurch sind die Definitionen gegeben, die uns das Folgende verständlich machen sollen, denn jetzt erst kommt Kant
zu dem wirklichen Thema seiner Abhandlung, zu der Frage:

Welche menschlichen Eigenschaften kann man als » s c h ö n «
oder » e r h a b e n « bezeichnen, indem man diesen Worten einen
verwandten moralischen Begriff unterlegt ?

Diese Frage wird zuerst in Bezug auf das Menschenleben
überhaupt untersucht, dann speciell in Beziehung auf das Verhältnis des männlichen zum weiblichen Geschlecht und endlich
in Bezug auf den Nationalcharakter der einzelnen Völker.[1])

Mustern wir im engen Anschluss an Kant die Eigenschaften
des Menschen, welchen das eine oder das andere Prädicat zu-
kommt, so werden wir finden:

Verstand, Kühnheit, Wahrhaftigkeit, Redlichkeit sind e r - Beobachtungen über
h a b e n e Eigenschaften, welche H o c h a c h t u n g einflössen ; das Gefühl des Schönen u. Erhabenen II.
Witz, List, Scherz, Artigkeit sind s c h ö n e Eigenschaften, welche Abschnitt, ed.Harten-
L i e b e erwecken. steinBd.II S.233-250,
ed. Rosenkranz und
Wohl ist es der Charakter des Erhabenen, dass es uns mehr Schubert Bd. IV S.
packt und gewaltiger ergreift, als das Schöne ; dafür ist aber 403- 425.
auch die durch das Erhabene bewirkte Rührung ermüdender, als
der Reiz des Schönen.

Demgemäss werden wir der Freundschaft das Prädicat erhaben erteilen , während wir die Geschlechterliebe als schön
bezeichnen werden ; das Trauerspiel werden wir der Gattung des
Erhabenen zurechnen, während wir das Lustspiel in das Bereich
des Schönen verweisen ; selbst das Laster (des Mannes) kann das
Gepräge des Erhabenen tragen , wie die Coquetterie (der Frau)
als schön erscheinen kann. Eine hohe Gestalt, dunkle Farbe der

---

[1]) Kant selbst teilt seine Abhandlung in IV Capitel mit folgenden
Ueberschriften :

I. Von den unterschiedenen Gegenständen des Gefühls des Erhabenen
und Schönen (der eben besprochene einleitende Abschnitt) ed. Hartenstein
Bd. II. S. 229—232, ed. Rosenkranz u. Schubert Bd. IV S. 399—403.

II. Von den Eigenschaften des Erhabenen und Schönen am Menschen
überhaupt, ed. Hartenstein Bd. II. S. 233—250, ed. Rosenkranz u. Schubert
IV, 403—425.

III. Von dem Unterschied des Erhabenen und Schönen in dem Gegen-
verhältnis beider Geschlechter, ed. Hartenstein II, S. 251—266, ed. Rosenkranz u. Schubert IV, S. 426—445.

IV. Von den Nationalcharakteren, insofern sie auf dem unterschiedenen
Gefühl des Erhabenen und Schönen beruhen, ed. Hartenstein II S. 267—280,
ed. Rosenkranz u. Schubert IV, 446—463.

1*

Haare und Augen, ein ehrwürdiges Alter neigen zum Erhabenen, eine kleine Gestalt, helle Farbe der Haare und Augen, jugendliches Alter, haben eine Hinneigung zum Schönen; selbst äussere Glücksumstände, Titel, Würden und Reichthum pflegt man erhaben zu finden.

Auch giebt es mannigfache Eigenschaften, welche nicht das eine oder andere Prädicat schlechthin verdienen, sondern welche als Abarten des Schönen oder des Erhabenen zu betrachten sind. So muss man das Schrecklich-Erhabene in seinen Ausartungen als abenteuerlich« und fratzenhaft« bezeichnen; so können die schönen« Eigenschaften des Mannes, Witz, Verstand, Artigkeit, zum Geckenhaften herabsinken, wenn das Edle als Gegengewicht fehlt. Die blosse Munterkeit aber ohne Verstand wird faselnd, albern« und »abgeschmackt.

Auch die Werke des Verstandes zeigen die Verschiedenheit von schön und erhaben: die mathematische Vorstellung von der Grösse des Weltbaues, die metaphysische von der Unsterblichkeit der Seele, der Ewigkeit und der Vorsehung tragen den Charakter des Erhabenen, während ein klarer mathematischer Beweis als schön bezeichnet werden könnte.

Von moralischen Eigenschaften kann nur die wahre Tugend, welche auf Grundsatze gepfropft ist, und welcher das Gefühl von der Schönheit und Würde der menschlichen Natur zu Grunde liegt als wirklich erhaben bezeichnet werden, nicht aber die liebenswürdige Eigenschaft der Gefälligkeit und nicht der Affect des Mitleids. Beide nämlich, Mitleid sowohl, wie Gefälligkeit, entspringen nicht aus Grundsätzen, sondern aus natürlichen Regungen des Gefühls; sie enthalten deshalb nicht, wie die auf Grundsätzen beruhende Tugend, die Garantie der unbedingten Zuverlässigkeit in sich, sondern können recht wohl von anderen natürlichen Regungen erstickt werden; sie bezeichnet Kant als adoptierte Tugenden. Sie, welche dem Sprachgebrauch gemäss aus einem guten Herzen entspringen, enthalten in sich die Gründe für ein schönes Handeln. während die einem edlen Herzen entsprungene wahre Tugend ein gutes« Handeln im Gefolge hat. Den Schimmer« der Erhabenheit führt diejenige Scheintugend mit sich, welche sich auf ein falsches

Ehrgefühl gründet: auch sie handelt nach Grundsätzen, welchen aber nicht das Gefühl für die Würde und Schönheit der menschlichen Natur zu Grunde liegt, sondern die Ehrsucht, das Standesvorurteil und ähnliches.

Von hieraus geht Kant zu der Frage über: Wie verteilen sich nun diese drei Gattungen moralischer Gesinnung, die wahre Tugend, die adoptierte Tugend und der Tugendschimmer auf die einzelnen Temperamente?

Die echte Tugend, sagt er, hat etwas an sich, was am meisten mit der melancholischen Gemütsverfassung im gemilderten Sinne zusammenzustimmen scheint, die adoptierte Tugend findet man vorzugsweise bei Leuten von sanguinischem Temperament, den Tugendschimmer des Ehrgefühls aber hauptsächlich bei Cholerikern. Bei dem Phlegmatiker scheint überhaupt ein grosser Mangel an diesen feineren Empfindungen zu sein.

Es sind aber nicht allein die Phlegmatiker, denen diese moralischen Eigenschaften, welche ein ästhetisches Gepräge tragen, fast vollständig fehlen, man wird dieselben vielmehr bei der grossen Menge überhaupt vergeblich suchen; denn hier herrscht auf der einen Seite ein Geist der Kleinigkeiten (ésprit des bagatelles), ein kleinlicher Sinn, dessen Ansprüche durch das Mühsam-Künstliche und das Peinlich-Ordentliche schon befriedigt sind, auf der andern Seite aber der Eigennutz, der, gefangen von dem Streben nach äusseren Vorteilen, den Empfindungen zarterer Art fernsteht.

Wir schreiten mit Kant vom Allgemeinen zum Besonderen und behandeln jetzt, nachdem wir die verschiedenen Arten der moralisch-ästhetischen Eigenschaften auf verschiedene Gruppen der Menschen überhaupt verteilt haben, das Schöne und Erhabene in Bezug auf das Verhältnis der Geschlechter.

Das weibliche Geschlecht, beginnt Kant, ist das schöne Geschlecht, das männliche ist das edle Geschlecht: der Verstand der Frau ist ein schöner Verstand, der des Mannes ein tiefer Verstand. Demgemäss liegt es im Charakter der Frau, lebhaft und mit Leichtigkeit zu denken, in dem des Mannes unter schweren Mühen mit den Gedanken zu ringen.

Ebenso ist die Tugend der Frau eine »schöne« Tugend,

Beobachtungen über das Gefühl des Schonen und Erhabenen, Abschnitt III, ed. Hartenstein Bd. II S. 251 266 ed. Rosenkranz u. Schubert Bd. IV S. 426—445.

die des Mannes eine »edle« Tugend: nach Grundsätzen wird
eine Frau nicht leicht handeln, wohl aber werden den schönen
Regungen ihrer Natur schöne natürliche Handlungen entspringen. Auch die Fehler der Frau sind schöne Fehler: so die
Eitelkeit, falls sie nicht in Aufgeblasenheit ausartet. Der Frau
schönste Tugenden aber sind die Schamhaftigkeit und eine Be-
scheidenheit, die mit einer edlen Selbstschätzung verbunden ist.«

Wir übergehen die bei Kant jetzt folgende Partie, als all-
zuweit von dem Zweck unserer Arbeit abliegend und kommen zu
dem Endergebnis dieses Capitels, welches man folgendermassen
zusammenfassen kann: Der gegenseitige Umgang zwischen dem
männlichen und weiblichen Geschlecht erreicht nur dann seinen
sittlichen Zweck, wenn durch denselben das Wesen des Mannes
v e r e d e l t und das der Frau v e r s c h ö n e r t wird: er erreicht
diesen Zweck nicht, wenn durch ihn der Mann nicht männlicher
und die Frau nicht weiblicher wird; denn dann entstehen Ausartungen, die aus dem Mann einen »süssen« Herrn und aus der
Frau eine »Pedantin« oder Amazone« machen.

Wie man sich nun den Charakterunterschied zwischen dem
männlichen und dem weiblichen Geschlecht durch die Verschiedenheit beider Geschlechter in Bezug auf das «Gefühl des
Schönen und Erhabenen» klar machen kann, so gewinnen wir
eine tiefere Einsicht in die Verschiedenheit des Nationalcharakters
der einzelnen Völker, wenn wir untersuchen, wie sich das »Gefühl
des Schönen und Erhabenen« bei den einzelnen Nationen äussert.
Kant hat dieser Frage ein eigenes Capitel seiner Abhandlung
gewidmet, über welches wir uns jetzt einen Ueberblick verschaffen
wollen.

Beobachtungen über
das Gefühl des Schö-
nen u. Erhabenen,
IV. Abschnitt, ed. Har-
tenstein Bd. II S.
267--280, ed. Rosen-
kranz u. Schubert
Bd. IV S. 446—463.

Es sind hauptsächlich die fünf Europäischen Nationen: die
Franzosen und Italiener auf der einen Seite, und die Spanier,
Deutschen und Engländer auf der anderen Seite, die Kant in
den Kreis seiner Betrachtung zieht: die Russen, die Slaven Öster-
reichs und der Balkanhalbinsel, die Ungarn und Türken, ebenso
die Skandinavier übergeht er: die hauptsächlichsten Völker des
Orients berührt er kurz und den Wilden Amerikas und Afrikas
widmet er wenigstens einige Bemerkungen.

Nach Kant sind es die Italiener und Franzosen, welche
für das S c h ö n e vorwiegend Anlage und Neigung zeigen, während

bei den Deutschen, den Engländern und den Spaniern der Sinn für das E r h a b e n e besonders lebendig ist — Das Schöne hat aber bei dem Italiener den Charakter des R ü h r e n d e n und B e z a u b e r n d e n, bei dem Franzosen den des L a c h e n d e n und R e i z e n d e n; das Erhabene erscheint bei dem Spanier s c h r e c k h a f t - a b e n t e u e r l i c h, bei dem Engländer e d e l, bei dem Deutschen p r ä c h t i g.

Was den Gemütscharakter betrifft, so ist demgemäss der S p a n i e r ernsthaft, verschwiegen, wahrheitsliebend, aber auch abergläubisch und abenteuerlich; der F r a n z o s e artig, höflich, gefällig, aber auch eitel und leichtsinnig. Eine Mischung aus dem Charakter des Spaniers und dem des Franzosen können wir in dem Charakter des I t a l i e n e r s wahrnehmen. Der E n g l ä n d e r zeigt bei der ersten Begegnung wenig Artigkeit und ein fast kaltsinniges Wesen, bei längerer Bekanntschaft lernt man jedoch seine Grundsätze achten und seine Ehrerbietung gegen das weibliche Geschlecht hochschätzen; er ist in Gefahr, ein Sonderling zu werden.

Der D e u t s c h e besitzt zwar nicht die Artigkeit des Franzosen, aber auch nicht die Gleichgültigkeit des Engländers, er ist weniger leichtsinnig wie der Franzose, aber nicht so grundsatztreu wie der Engländer, kurz er vereinigt in sich die V o r - z ü g e und F e h l e r beider Völker, jedoch in einer gewissen Abschwächung: dieser Mangel an Originalität bringt es auch mit sich, dass er viel auf fremde Meinung giebt und auf Titel und äussere Ehre einen übertriebenen Wert legt. Bei dem H o l l ä n - d e r, welcher den kaufmännischen Vorteil vor allem schätzt, scheint ein vollständiger Mangel an diesen feinen Empfindungen vorhanden zu sein.

Wenden wir das eben Gefundene auf das Gebiet der p e r - s ö n l i c h e n E h r e an, so ist die Ehre des Franzosen Eitel- keit, die des Spaniers >Hochmut‹, die die des Engländers Stolz«, die des Deutschen »Hoffart«, die des Holländers ‹Auf- geblasenheit«: übertragen wir es auf das G e b i e t d e r R e - l i g i o n, so neigt der Glaube des Deutschen und des Engländers zur Schwärmerei‹, der des Spaniers zum ‹Aberglauben‹, der des Franzosen zum Indifferentismus.‹ Dem entsprechend ist der

Franzose in der L i e b e »vernascht«, der Spanier phantastisch, der Deutsche und Engländer derb und gesund.

Was den Nationalcharakter der orientalischen Völker anbetrifft, so neigt die erhitzte Einbildungskraft des A r a b e r s zum Abenteuerlichen; dagegen kann man den leichtlebigen P e r s e r als den Franzosen des Orients bezeichnen, ebenso wie man den standhaften J a p a n e r (bei Kant Japoneser) den Engländer des Orients nennen wird. Die I n d e r (bei Kant Indianer) haben einen Hang zum Grotesken, der bei den Chinesen bis zum Fratzenhaften geht. Die N e g e r A f r i k a s zeigen eine läppische Gemütsart, während die B e w o h n e r C a n a d a s einen lebhaften Sinn für Freiheit und Tapferkeit besitzen und in ihrem Gemütscharakter Züge von Erhabenheit aufweisen.

Mit einem geschichtlichen Ueberblick über die Entwickelung der Cultur des Schönen in Sitte und Kunst schliesst die Kantische Abhandlung. Dass in diesen geschichtlichen Bemerkungen das Mittelalter, die gotische Baukunst, das Ritterwesen und Mönchtum, endlich die Kreuzzüge nicht gehörig gewürdigt werden, kann uns nicht wundern, da eine objective Beurteilung der geschichtlichen Thatsachen in der Zeit Kants nicht vorausgesetzt werden darf.

Verhältnis der »Beobachtungen über das Gefühl des Schönen und Erhabenen« zu der »Kritik der Urteilskraft«. Wenn wir jetzt das Verhältnis der eben besprochenen kleinen Abhandlung Kant's zu der Kritik der Urteilskraft charakterisieren wollen, so müssen wir vor allen Dingen uns zuerst die g r o s s e K l u f t h e r v o r h e b e n, w e l c h e b e i d e W e r k e v o n e i n a n d e r t r e n n t. Die Beobachtungen über das Gefühl des Schönen und Erhabenen hat Kant in einer Periode seiner philosophischen Wirksamkeit geschrieben, in welcher er den Boden der in Deutschland herrschenden Wolffischen Philosophie allerdings bereits verlassen hatte, in welcher er jedoch noch nicht völlig auf eigenen Füssen stand; vielmehr ist Kant in jener Zeit als ein Schüler der englischen Empiristen zu betrachten. Es fehlen daher in der von uns besprochenen Schrift noch vollständig die leitenden Gesichtspunkte, welche wir in der Folge bei der Behandlung der Kritik der Urteilskraft hervorzuheben haben werden. So ist - um schon hier auf einen Hauptpunkt hinzuweisen - der Gedanke, dass zwischen dem E r k e n n t n i s u r t e i l und dem G e s c h m a c k s urteil ein A r t unterschied und nicht ein G r a d unterschied bestehe,

Kant in jener Zeit noch völlig fremd. Freilich lag es auch nicht in dem Plan dieser Schrift, welche in der Musse eines Land- und Waldaufenthalts bei Oberförster Wobser in Moditten entstanden ist, [1]) streng wissenschaftliche Forschungen zu bieten. Wenn wir daher dieser Abhandlung auch gern den Vorzug zugestehen, dass sie reiches und wohlgeordnetes Material bietet, und dass sie durch die Anmut ihrer Darstellung sowohl zu unterhalten als zu cultivieren», geeignet ist, so lässt sich doch gerade auf sie mit vorzüglichem Recht eine Stelle [2]) aus Kant's Prolegomena zu jeder künftigen Metaphysik anwenden. Wenn Kant hier über die philosophischen Schriften seiner Zeitgenossen und über seine eigenen vorkritischen Werke sagt: Ich gestehe, das ich weder in ihren noch in den eigenen geringeren Versuchen habe finden können, dass dadurch die Wissenschaft (der Metaphysik) im mindesten weitergebracht worden, und dieses zwar aus dem ganz natürlichen Grunde, weil die Wissenschaft noch nicht existierte und auch »nicht stückweise zusammengebracht werden kann, sondern ihr »Keim in der Kritik vorher völlig praeformiert sein muss , so gilt dies in jeder Beziehung auch für die »Beobachtungen über das Gefühl des Schönen und Erhabenen«.

Gleichwohl finden sich zwischen dieser Schrift und der Kritik der Urteilskraft einige Beziehungen, auf welche wir kurz hinweisen wollen.

Der Gedanke, mit welchem Kant seine Abhandlung beginnt, dass das Wohlgefallen am Schönen und Erhabenen weniger in den Objecten als in dem empfindenden Subject begründet liegt, hat später in der Kritik der Urteilskraft eine ausführliche Begründung erhalten. Ebenso hat Kant die zu Beginn seiner Abhandlung ausgesprochene Trennung des aesthetischen Wohlgefallens von dem rein sinnlichen [3]) Wohlgefallen in seinem späteren Werke beibe-

---

[1]) Vgl. Kuno Fischer: Geschichte der neueren Philosophie 2. Aufl. Bd. III. S. 113.

[2]) Vgl. Kant: Prolegomena zu einer jeden künftigen Methaphysik, die als Wissenschaft wird auftreten können. ed. Hartenstein Bd. IV S. 115 u. 116, ed. Rosenkranz u. Schubert Bd. III S. 146.

[3]) Die Trennung des sinnlichen von dem aesthetischen Wohlgefallen ist in den «Beobachtungen über das Gefühl des Schönen und Erhabenen« nicht überall streng festgehalten. Das zeigt die Definition: «das Schöne reizt,

halten. [1]) Dagegen hat er die Einteilung des Erhabenen in das Schrecklich-Erhabene, das Edle und das Prächtige später mit Recht aufgegeben. Gleichwohl gewinnen wir zur Charakterisierung des Erhabenen aus dieser Abhandlung einiges Wertvolle; so ist das Erhabene des Lasters und der Tugend hier [2]) hervorgehoben, während es in der Kritik der Urteilskraft« weder unter dem Dynamisch-Erhabenen noch unter dem Mathematisch-Erhabenen Platz finden kann. [3])

Doch von der Betrachtung dieser kleineren Abhandlung, der wir schon fast zuviel Zeit gewidmet haben, wollen wir uns unverzüglich zu demjenigen Werke Kant's wenden, welches den Hauptgegenstand unserer Untersuchung bilden muss, zu der Kritik der Urteilskraft.«

Bevor wir jedoch die Besprechung dieses Werkes selbst beginnen, liegt es uns ob, über die Stellung der Kritik der Urteilskraft innerhalb des Kantischen Systems einiges vorauszuschicken. Um diese zu verstehen, müssen wir uns kurz den Entwickelungsgang Kant's vergegenwärtigen, der ihn zu der Schöpfung der kritischen Philosophie geführt hat.

*Die Stellung der Kritik der Urteilskraft innerhalb des Kantischen Systems.*

Es waren zwei Probleme, welche wir Kant in mannigfachen Abstufungen bis zu den Resultaten der Kritik der reinen Vernunft« verfolgen sehen: erstens das Problem der Beschaffenheit des Raumes, zweitens das Problem der Causalität. Das erste der genannten Probleme finden wir nach

---

das Erhabene rührt«, mit welcher Kant später wenig zufrieden gewesen sein wird; vgl. dagegen Kritik der Urteilskraft § 13, ed. Hartenstein S. 237 flg., ed Rosenkranz u. Schubert S. 70, wo Kant Reiz und Rührung ausdrücklich von dem Wohlgefallen am Schönen und Erhabenen trennt.

[1] Vgl. Kritik der Urteilskraft § 13 ed. Hartenstein S. 209, ed. Rosenkranz u. Schubert S. 48 u. § 13, ed. Hartenstein S. 227 flg., ed. Rosenkranz u. Schubert S. 70.

[2] Vgl. »Beobachtungen über das Gefühl des Schönen und Erhabenen« ed. Hartenstein S. 234 u. 235, ed. Rosenkranz u. Schubert S. 405 u. 406.

[3] Bei dem Mathematisch-Erhabenen sowohl, wie bei dem Dynamisch-Erhabenen stellt sich die Vernunft als überlegen der Sinnlichkeit entgegen. Dass sich aber die Vernunft auch an der Vernunft messen kann, sei es an der überlegenen (das Erhabene des guten Willens) oder an der in das Gegenteil ihrer wahren Bestimmung verkehrten das Erhabene des bösen Willens): das ist in der »Kritik der Urteilskraft« völlig unberücksichtigt geblieben.

verschiedenen vorhergehenden Versuchen in demjenigen Abschnitte der Kritik der reinen Vernunft«, welcher transscendentale Aesthetik« überschrieben ist, gelöst. Da es nicht in direkter Beziehung zu unserer Frage steht, lassen wir es hier ausser Acht. Hingegen haben wir uns an dieser Stelle mit dem zweiten Problem, dem Problem der Causalität, zu beschäftigen.

Die Frage aber: Wie ist Causalität überhaupt möglich? konnte nicht gleich in ihrem ganzen Umfang gelöst werden. Es musste vielmehr erst die Frage: Wie ist mechanische Causalität möglich? zu einer genügenden Lösung geführt werden, bevor eine Beantwortung der Frage: Wie und in welchem Umfang [1]) ist Causalität durch Freiheit möglich? eine vollständige Auflösung des Problems der Causalität herbeiführen konnte.

Bevor es Kant gelang, das Problem der mechanischen Causalität zu lösen, musste er, soweit wir es verfolgen können, eine Entwickelung durchlaufen, die sich in drei Stufen darstellt.

Auf der ersten [2]) Stufe fasst Kant die Ursache und die Wirkung als ihrem Wesen nach identisch auf: die Wirkung wird hier als in der Ursache enthalten gedacht: unser Urteil über eine Causalverbindung ist demnach analytisch — erläuternd, noch erweiternd.

*Das Problem der mechanischen Causalität.*

Auf der zweiten [3]) Stufe finden wir Kant acht Jahre später.

---

[1]) Nur bei Vernunftwesen oder vielleicht mit gewissen Einschränkungen auch in der Natur?

[2]) Vgl. die im Jahre 1755 unter dem Titel: »Principiorum primorum cognitionis methaphysicae nova dilucidatio erschienene Habilitationschrift Kant's (ed. Hartenstein Bd. I S. 365—400, ed. Rosenkranz und Schubert Bd. I S. 1—44). Zu unserer Frage ist besonders zu vergleichen Propositio X. ed. Hartenstein Bd. I pag. 389 u. flg. ed. Rosenkranz u. Schubert, Bd. I pag. 31 flg. Da heisst es in Corollarium 3 : »Non amplius est in rationato, quam est in ratione« nicht etwa von dem logischen Verhältnis von Grund und Folge, sondern von dem realen von Ursache und Wirkung, wie die Beispiele Kant's zeigen.

[3]) Die zweite Stufe repräsentiert eine 1763 erschienene kleinere Schrift Kant's : Versuch den Begriff der negativen Grössen in die Weltweisheit einzuführen (ed. Hartenstein Bd. II S. 71—107, ed. Rosenkranz u. Schubert Bd. I S. 113—160. vgl. besonders den II. III. Abschnitt). Kant macht in dieser Schrift den sinnreichen Vorschlag, den Unterschied zwischen der logi-

Hier ist ihm bereits der Unterschied des logischen, a n a l y t i s c h e n
Zusammenhangs von G r u n d und F o l g e und des realen, s y n-
t h e t i s c h e n Zusammenhangs von U r s a c h e und W i r k u n g
aufgegangen. Das Causalproblem zu lösen, versucht Kant an
dieser Stelle noch nicht.

D r e i J a h r e s p ä t e r macht Kant auf dieser Grundlage
den Versuch [1]), das Problem der Causalität zu lösen, einen Versuch freilich, zu dessen Richtigkeit er selbst nicht viel Vertrauen
hat. Kant steht in dieser Zeit vollständig auf dem Boden des
Skepticismus. Er sagt: Wie aus einer Ursache eine Wirkung
hervorgeht, kann ich nie und nimmer begreifen, ich weiss, dass
das Denken meinen Arm bewegt, aber ich kann diese Erscheinung als eine e i n f a c h e E r f a h r u n g niemals durch Zergliederung auf eine andere bringen und sie daher wohl erkennen,
aber nicht einsehen . [2])

Daraus schliesst Kant im Anschluss an Hume: es ist n i c h t
das Verhältniss von Ursache und Wirkung, welches den Zusammenhang der Natur ausmacht, es giebt vielmehr nur eine R e i h e n-
f o l g e d e s G e s c h e h e n s und dieser immer wieder wahrgenommenen Reihenfolge d i c h t e t d i e E i n b i l d u n g s k r a f t,
die durch Erfahrung beschwängert, gewisse Vorstellungen unter

sehen und der realen Causalität durch die Einführung negativer Grössen in
die Weltweisheit zu veranschaulichen. Während in dem logischen Satz: A
ist nicht B, das Non-B nur die Geltung hat, dass es das Prädikat B für das
Subject A verneint, dafür aber alle anderen Möglichkeiten der Bestimmung
von A ausser der Möglichkeit B offen lässt, hat die negative Grösse in der
Mathematik z. B. in der Gleichung a — b) die Bedeutung, dass durch sie
nicht die Möglichkeit jeder anderen Bestimmung der Grösse a bestehen bleibt,
sondern dass die Grösse a als das Gegenteil von +b ausreichend bestimmt
st. — b hat in der Rechnung trotz seines Negationszeichens völlig realen
Wert. So auch die Ursache, welche, indem sie die eine
Wirkung setzt, die andre aufhebt. Durch das eben beschriebene
Verfahren soll übrigens die Causalität nicht erklärt werden, vielmehr soll die
quaestio facti festgestellt und auf eine bestimmte Formel gebracht werden.

[1) Vgl. «Die Träume eines Geistersehers erläutert durch Träume der
Metaphysik» aus dem Jahre 1766. ed. Hartenstein Bd. II S. 325—387.

[2]) Ebendaselbst, ed. Hartenstein S. 378.

das Gesetz der Association gebracht hat , [1]) d a s V e r h ä l t n i s
v o n U r s a c h e u n d W i r k u g a n.

Hier sehen wir Kant auf der einen Seite ganz nahe bei
der später gefundenen endgültigen Lösung des Problems angekommen: er hält bereits die Causalität nicht mehr für ein V e r -
h ä l t n i s, w e c h e s d e n D i n g e n s e l b s t a n h a f t e t: er
hat erkannt, dass das S u b j e c t dasselbe den Objecten der
Natur h i n z u f ü g t; auf der andern Seite ist er allerdings von
der späteren Lösung weit entfernt, indem er die Causalität für
einen e m p i r i s c h e n Begriff erklärt, ihr also nur eine b e d i n g t e
A l l g e m e i n h e i t zuerkennt.

Der nächste Schritt, welcher die endgültige Lösung herbeiführen musste, konnte nur durch die Entdeckung, dass R a u m
u n d Z e i t apriorische Formen der Anschauung sind, geschehen.
Durch diese Entdeckung wurde es unmittelbar klar, dass die von
uns wahrgenommenen Gegenstände nicht D i n g e a n s i c h,
sondern E r s c h e i n u n g e n sind, die in den apriorischen Formen
von Raum und Zeit ihre Fassung finden.

Ist nun das, was wir wahrnehmen, nur Erscheinung, so
liegt es auf der Hand, dass die in dem apriorischen Vermögen
unserer Sinnlichkeit geformten Vorstellungen, deren o b j e c t i v e s
Z e i t v e r h ä l t n i s z u e i n a n d e r d u r c h d i e b l o s s e
W a h r n e h m u n g n o c h n i c h t bestimmt ist, in sich eine notwendige Causalitätsreihe nicht enthalten, sondern dass es unser
verknüpfender und Urteile bildender Verstand ist, welcher den
Vorstellungen ihr Verhältnis zu e i n a n d e r a n w e i s t. Also ist
nicht, wie Kant in der zuletzt genannten Schrift wollte, die R e i h e n
f o l g e i m G e s c h e h e n, welche immer wieder wahrgenommen
wird, mit der C a u s a l i t ä t i d e n t i s c h, sondern die Causalität
ist vielmehr erst die B e d i n g u n g für die Wahrnehmung einer
objectiven Reihenfolge. Um aber zu beweisen, dass die Causal-
verknüpfung, welche der Verstand mit den Erscheinungen vor-
nimmt, n o t w e n d i g e und a l l g e m e i n e Geltung habe, musste
Kant ein lückenloses System derjenigen ursprünglichen Verstandes-

---

[1) Vgl. ›Prolegomena zu einer jeden künftigen Metaphysik , die als
Wissenschaft wird auftreten können‹, ed. Hartenstein Bd. IV S. 5. ed. Rosenkranz u. Schubert, Bd. III S. 6.

begriffe aufstellen, welche überhaupt die Erscheinung zu objectiver Erkenntnis umgestalten. Das geschah einem einheitlichen Princip gemäss durch die Aufstellung der Tafel der Kategorien. Den hier aufgezeichneten aprioirschen Verstandesbegriffen ist auch die Causalität beizuzählen. Nunmehr ist es klar: nicht die Dinge sind in dem Verhältnis von Ursache und Wirkung verbunden, sondern der menschliche Verstand denkt sie zufolge seiner Bewegungsgesetze notwendig (und allgemein) als durch Ursache und Wirkung verbunden.

Hier sind wir an einem Haltepunkt in unserer Untersuchung angekommen: wir haben eine Erklärung für die Causalität der Erscheinungswelt, soweit sie ihre Gesetze von den Verstandesbegriffen erhält, gefunden. Aber — so müssen wir schon an dieser Stelle fragen — sind die a priori verknüpfenden Begriffe des Verstandes fähig, jede Art einer denkbaren Causalität zu erklären? Haben wir nicht das unmittelbare Bewusstsein, dass wir nicht nur als Glieder dem natürlichen Geschehen eingeordnet sind, sondern zugleich als Bürger einer andern, der übersinnlichen Welt, die Befehle unseres freien sittlichen Willens in eben dieser Welt der mechanischen Causalität verwirklichen sollen?

Das Problem der Causalität durch Freiheit. Wir sind also vor das Problem gestellt: Wie ist es möglich, dass der menschliche freie Wille, welcher dem Übersinnlichen in uns seinen Ursprung verdankt, in einer Natur zur Verwirklichung gelange, die von uns unter der Voraussetzung einer bloss mechanischen Causalität wahrgenommen wird? Auf diese Frage werden wir nur dann eine ausreichende Antwort erhalten, wenn wir sie uns in die 2 Fragen zerlegen:

1. In welcher Weise kann die menschliche Vernunft als auf die Natur wirkend gedacht werden?

2. Wie ist es möglich, sich die Natur als mit den Gesetzen der Vernunft übereinstimmend vorzustellen?

Für die erste Frage findet sich schon in der Kritik der reinen Vernunft [1]) eine Beantwortung: recht eigentlich gehört

---

[1]) Vgl. besonders »Auflösung der kosmologischen Idee von der Totalität der Ableitung der Weltbegebenheiten etc.« und »Möglichkeit der Cau-

sie jedoch in das Gebiet der praktischen Vernunft. So erfährt
sie auch wiederum in der Kritik der praktischen Vernunft [1])
eine ausführliche Behandlung. Die Antwort lautet — um hier
gleich die Lösung anzugeben — Wohl kann der intelligible Mensch
nicht unmittelbar in das Getriebe der natürlichen Causalität ein-
greifen, aber der über Raum und Zeit [2]) erhabene i n t e l l i g i b l e
C h a r a k t e r des Menschen ist der G r u n d für seinen e m p i -
r i s c h e n C h a r a k t e r: der intelligible Mensch erzeugt den
empirischen Menschen: welcher innerhalb der Naturgesetze, also
auch innerhalb der natürlichen Causalität steht.

Der Bau der Kantischen Sittenlehre gründet sich auf diese
Erklärung einer Möglichkeit der Causalität durch Freiheit innerhalb der Natur.

Wir kommen zu der zweiten Frage: Zeigt die Natur irgend-
welche Spur, dass sie der Verwirklichung der sittlichen Zwecke
des Menschen fördernd sein kann? Weist sie vielleicht in irgend
einer Beziehung ein M e h r auf, als durch die Verstandesbe-
griffe erklärt werden kann? Zu ihrer Beantwortung mögen Kant's
eigene Worte dienen: Es sind so mannigfache Formen der Na- Notwendigkeit der te-
tur, gleichsam soviele Modifikationen der reinen Naturbegriffe, leologischen Betrachtungsweise der Natur.
»die durch jene Gesetze, welche der reine Verstand a priori giebt,
»unbestimmt gelassen werden, dass dafür auch Gesetze sein
müssen, die aus einem Princip der Einheit als notwendig angesehen werden müssen«. [3]) Wir sehen also: die Natur selbst
weist in ihren Gebilden auf ein Princip hin, welches ihr die
V e r s t a n d e s e r k e n n t n i s nicht zu Grunde legen kann, auf
das Princip der Vereinfachung der mannigfachen Einzelprincipien,
auf d a s P r i n c i p d e r Z w e c k m ä s s i g k e i t [4]). Zweck-

salität durch Freiheit« etc., ed. Hartenstein Bd. IV S. 370 –376, ed. Rosenkranz u. Schubert Bd. II S. 418—437.
[1]) Vgl. besonders »Kritische Beleuchtung der Analytik«, ed. Hartenstein Bd. V S. 99 flg., ed. Rosenkranz u. Schubert Bd. VIII S. 224 flg.
[2], »Raum und Zeit« sind die Bedingungen für die mechanische Causalität.
[3]) Vgl. »Kritik der Urteilskraft« ed. Hartenstein Bd. V S. 186, ed.
Rosenkranz u. Schubert Bd. IV S. 17. (Die Stelle ist verkürzt wiedergegeben).
[4]) Kant hatte schon früher — vor dem Erscheinen der Kritik der
Urteilskraft — die Notwendigkeit der teleologischen Naturbetrachtung mehrfach
betont (vgl. z. B. »Allgemeine Naturgeschichte und Theorie des Himmels).

mässig nennen wir aber ein Gebilde dann, wenn einem Begriff, auf welchem seine Existenz überhaupt beruht, entspricht. Die Causalität eines Begriffes in Anschung eines Objectes ist die Zweckmässigkeit [1]). Wenn wir also der Natur Zweckmässigkeit zuschreiben, so legen wir ihr damit eine Causalität bei, welche eine nach Begriffen schaffende Intelligenz voraussetzt, mit anderen Worten: eine Causalität durch Freiheit.

Wir legen sie der Natur bei, ohne sie durch unseren Verstand je erkennen oder erklären zu können. Soweit das Gebiet unserer Verstandeserkenntnis reicht, soweit reicht unsere Erfahrung, und soweit die konstitutiven Principien für unsere Erkenntnis: was darüber hinausliegt, hat für uns zur Bestimmung eines Objectes nur die Geltung eines regulativen Principes. Das Geschäft des Verstandes besteht nun darin, unter gegebene Begriffe (die Kategorien) die Anschauung zu subsumieren und so Urteile zu fällen: Verstand und subsumierende Urteilskraft sind also identisch. Sollen hingegen für die gegebene Erscheinung allgemeine Principien erst gesucht werden, so werden wir das in dieser Weise thätige Erkenntnisvermögen als eine reflectierende Urteilskraft bezeichnen können. Hier entspringt nun der Begriff der Zweckmässigkeit und zwar als ein eigentümlicher Begriff der reflectierenden Urteilskraft, nicht der Vernunft .[2])

*Die subsumierende und die reflectierende Urteilskraft.*

»oder Versuch von der Verfassung und dem mechanischen Ursprung des »ganzen Weltgehäudes nach Newton'schen Grundsätzen abgehandelt« 1755, ed. Hartenstein Bd. 1 vgl. besonders pag. 220; ed. Rosenkranz u. Schubert Bd. VI, vgl. besonders S. 54.

Ferner: Von den verschiedenen Racen der Menschen« 1755, ed. Hartenstein Bd. II, vgl. besonders pag. 441, ed. Rosenkranz u. Schubert Bd. VI, besonders S. 322.

Ferner: »Vom Gebrauch der teleologischen Principien in der Philosophie, 1788, ed. Hartenstein Bd. IV, vgl. besonders S. 481 flg.; ed. Rosenkranz u. Schubert, vgl. besonders Bd. VI S. 370 flg.

[1]) Vgl. »Kritik der Urteilskraft« ed. Hartenstein Bd. V S. 224, ed. Rosenkranz u. Schubert Bd. IV S. 66.

[2]) Vgl. Kant; »Ueber Philosophie überhaupt« (von J. S. Beck 1794 herausgegeben) ed. Hartenstein Bd VI S. 385, ed. Rosenkranz u. Schuber Bd. I, S. 594.

Legt aber die reflectierende Urteilskraft den Objecten selbst eine i n n e r e Zweckmässigkeit bei, so haben wir es mit der t e l e o l o g i s c h e n Naturbetrachtung zu thun. Ihr »Geschäft« besteht darin, die Menge der Naturgesetze unter grosse allgemeine Gesichtspunkte zusammenzufassen oder umgekehrt die allgemeinen Gesichtspuncte auf die Menge der einzelnen Erscheinungen zu übertragen. [1]

Findet dagegen die reflectierende Urteilskraft die Zweckmässigkeit der Natur nicht in der erkannten Uebereinstimmung der Objecte untereinander und in ihren einzelnen Teilen, sondern i n d e r H a r m o n i e u n s e r e r o b e r e n E r k e n n t n i s v e r - m ö g e n, die bei der Beurteilung eines Objectes zum Bewusstsein kommt, so haben wir es mit der ä s t h e t i s c h e n Naturbetrachtung zu thun.

Beide Betrachtungsweisen der Natur, die t e l e o l o g i s c h e sowohl, wie die ä s t h e t i s c h e, sind mit einem Gefühl der Lust (resp. Unlust) verbunden.

Bei der t e l e o l o g i s c h e n Betrachtungsweise ist es näm- Verbindung des Gelich auf der einen Seite das E r k e n n t n i s v e r m ö g e n, welches fühls der Lust mit der teleologischen und mit eine Befriedigung erfährt: [2] allgemeine Principien, welche der der ästhetischen Natur Verstand als zufällig beurteilen muss, findet die reflectierende betrachtung. Urteilskraft gleichsam unverhofft auf; andererseits aber giebt die Möglichkeit einer Beurteilung der Natur nach dem Princip der Zweckmässigkeit, die einen intelligenten Willen voraussetzt, d e r

---

[1] Verfährt man dabei so, dass man vom Besonderen zum Allgemeinen aufsteigt, so wendet man das Verfahren der Classification an: »fängt man »dagegen vom allgemeinen Begriff an, um zu dem besonderen durch vollstän- »dige Einteilung herabzusteigen, so heisst die Handlung S p e z i f i c a t i o n »des Mannigfaltigen« (das letztere ist die eigentliche Thätigkeit der reflectierenden Urteilskraft) vgl. »über Philosophie überhaupt« von Kant, ed. Hartenstein Bd. VI S. 385 ; ed. Rosenkranz u. Schubert Bd. I S. 592 u. 593; vgl. dazu auch; »Kritik der Urteilskraft« ed. Hartenstein Bd. V S. 192, ed. Rosenkranz u. Schubert Bd. IV S. 25.

[2] Diese Ansicht vertritt Kant in der «Kritik der Urteilskraft» ed. Hartenstein Bd. V pag. 193, ed. Rosenkr. u. Schubert Bd. IV pag. 27; jedoch würde nach Kant dieser Bewunderung »schwerlich jemand anders als etwa ein »Transscendentalphilosoph fähig sein« (vgl. »über Philosophie überhaupt« ed. Hartenstein Bd. VI S. 386, ed. Rosenkranz u. Schubert Bd. I S. 595).

practischen Vernunft die Hoffnung, ihre Zwecke in der Welt der Erscheinung verwirklichen zu können. Das Gefühl der Lust bei der teleologischen Naturbetrachtung hat also zweitens auch einen moralischen Charakter.

Ebenso findet die ästhetische Lust zunächst darin ihre Erklärung, dass das betrachtende Subject sich der Harmonie der Einbildungskraft und des Verstandes beim Anschauen gewisser Formen bewusst wird. Aber andrerseits ist es auch hier die praktische Vernunft, welche ein Interesse daran nimmt, dass die Natur, indem sie uns die Einheit des Übersinnlichen in uns und ausser uns[1] empfinden lässt, sich als Symbol des Sittlich-Guten darstellt.

Jetzt wird, wie ich hoffe, eingesehen werden, inwiefern wir das Gebiet der teleologischen Naturbetrachtung als dasjenige ansehen dürfen, welches die Vermittelung zwischen Natur und Freiheit, zwischen mechanischer Causalität und Causalität durch Freiheit bildet.

Wie nun die Natur, soweit sie Object unserer Erkenntnis werden kann, dem Gebiete des Verstandes angehört, wie die Freiheit ihre Gesetze von der praktischen Vernunft erhält, so hat, wie wir sahen, die teleologische und ästhetische Naturbetrachtung gleichsam als Organ die reflectierende Urteilskraft.

Verstand, reflectierende Urteilskraft und Vernunft sind also die drei Gemütsvermögen, welche in sich einen ausreichenden Grund für unser Erkennen (im weiteren Sinn) und Handeln, so weit beides auf Gründen a priori beruht, enthalten. Kant sagt daher mit Recht: Eine Kritik der reinen Vernunft, d. i. unseres Vermögens aus Principien a priore zu urteilen, würde »unvollständig sein, wenn die Urteilskraft nicht als ein besonderer Teil derselben abgehandelt würde.«[2]

Diese Überlegung war es denn auch, welche Kant veranlasste, auf die Kritik der reinen Vernunft und auf die der

---

[1] Dass Kant diese Ansicht nicht an allen Stellen der »Kritik der aesthetischen Urteilskraft« festgehalten hat, wird später noch besprochen werden.

[2] Vgl. »Kritik der Urteilskraft« ed. Hartenstein Bd. V S. 184; ed. Rosenkranz u. Schubert Bd. IV S. 4.

praktischen Vernunft die Kritik der Urteilskraft folgen zu lassen, welche den Abschluss [1]) der Kritik des apriorischen Besitzstandes unserer Vernunft bildet.

Die »Kritik der Urteilskraft erschien zuerst 1790 bei Lagarde und Friedrich in Berlin und Liebau, zwei Jahre nach dem Erscheinen der Kritik der reinen Vernunft. Sie enthielt, der Natur des in ihr behandelten Problems entsprechend, zwei Hauptteile: 1. die »Kritik der aesthetischen Urteilskraft· und 2. die »Kritik der teleologischen Urteilskraft.· Einen engen Zusammenhang mit dem Thema unserer Abhandlung hat nur der erste dieser beiden Hauptteile, deshalb berücksichtigen wir nur ihn bei der jetzt folgenden Besprechung, die wir so einrichten wollen, dass wir z u e r s t  d i e  E i n l e i t u n g  der Kritik der aesthetischen Urteilskraft« einer Beurteilung unterziehen, dass wir h i e r a u f diejenigen Inconsequenzen in der Behandlung des Stoffes, welche sich n i c h t  a u f  d i e  M ä n g e l  d e r  D i s p o s i t i o n  z u r ü c kf ü h r e n  l a s s e n, zu erklären versuchen und dass wir e n d l i c h — als Begründung der bis zu diesem Punkte geführten Untersuchung — eine I n h a l t s a n g a b e  und  e i n g e h e n d e  B es p r e c h u n g  der e i n z e l n e n  Abschnitte der »Kritik der aesthetischen Urteilskraft. folgen lassen.

Nun ist die Einleitung der »Kritik der aesthetischen Urteilskraft« durchgehends dichotomisch: Dem e r s t e n  H a u p t t e i l, der · Analytik« der ästhetischen Urteilskraft, steht als zweiter Hauptteil die ·Dialektik· der aesthetischen Urteilskraft gegenüber. 1. Die Einteilung der Kritik der ästhetischen Urteilskraft.

Die A n a l y t i k  d e r  a e s t h e t i s h e n  Urteilskraft ist wiederum gegliedert in die »Exposition· und die ·Deduction« der aesthetischen Urteile.

Die E x p o s i t i o n  endlich zerfällt in die · Analytik des Schönen· und die »Analytik des Erhabenen. Der e r s t e  dieser beiden Abschnitte untersucht seinen Stoff nach den »Kategorien der Qualität, Quantitat, Relation und Modalität, während in dem

[1]) Kant selbst sagt in Rücksicht hierauf: »Hier« ,mit der Abfassung der »Kritik der Urteilskraft«) »endige ich also mein ganzes kritisches Geschäft«, ed. H. S. 176; ed. R. u. S., S. 7.

2*

z w e i t e n dieser Abschnitte die Zweiteilung[1]) (in das Mathematisch-
und das Dynamisch-Erhabene wieder festgehalten ist.

Der zweite, weit kürzere Hauptteil, die D i a l e k t i k  d e r
a e s t h e t i s c h e n  U r t e i l s k r a f t, umfasst nicht ein so künstliches System von einander untergeordneten Teilen, wie der erste
Hauptteil, sondern zerlegt sich einfach in die »Antinomie des Geschmackes« und die »Auflösung der Antinomie des Geschmackes.
— Jedem der beiden Hauptteile ist als Schluss ein nur lose mit
dem Vorhergehenden zusammenhängender Abschnitt [2]) angefügt.
Als »Anhang« beschliesst das Ganze ein Capitel »von der Methode
des Geschmackes.«

Folgendes Schema möge meine Auseinandersetzung veranschaulichen.

---

[1]) Die Einleitung nach Kategorien ist in diesem Abschnitt zwar angedeutet, aber nicht durchgeführt. Vgl. »Kritik der Urteilskraft« ed. Hartenstein Bd. V S. 254; ed. Rosenkranz u. Schubert Bd. IV S. 101 und die
Ueberschriften von § 27 und § 29.

[2]) Der A n a l y t i k  d e r  a e s t h e t i s c h e n  U r t e i l s k r a f t sind die
§§ angefügt, welche von der Kunst, dem Genie, dem Geschmack etc. han-
deln (§§ 41—54), Der D i a l e k t i k  d e r  a e s t h e t i s c h e n  U r t e i l s -
k r a f t sind die §§, vom »Idealismus der Zweckmässigkeit der Natur sowohl
»als Kunst als dem alleinigen Princip der aesthetischen Urteilskraft« und »von
der Schönheit als Symbol der Sittlichkeit« (§ 58 u. § 59) beigegeben.

Kritik der ästhetischen Urteilskraft.

(I. Elementarlehre).

(II. Methodenlehre). [1]

[1] Die Einteilung in Elementar- und Methodenlehre, welche Kant in der Kritik der reinen Vernunft anwendet, hält er in der »Kritik der Urteilskraft« für unzulässig. Diese Einteilung setzt nämlich voraus, dass ein wissenschaftliches Erfassen des so eingeteilten Stoffes möglich sei. Dann hat die »Elementarlehre« die Aufgabe, für das zu errichtende wissenschaftliche Gebäude das »Bauzeug zu überschlagen« und zu bestimmen, »zu welchem Gebäude, von welcher Höhe und Festigkeit es zulange«, die »Methodenlehre« dagegen hat den Grundriss des Gebäudes, welches mit dem in der Elementarlehre gewonnenen Material zu errichten ist, zu entwerfen. (Vgl. »Kritik der reinen Vernunft« ed. Hartenst. S. 473; ed. Rosenkr. u. Schubert S. 547). Da nun Metaphysik zwar nicht als dogmatische, wohl aber als kritische Wissenschaft möglich ist, kann man für die einer Metaphysik vorangehende Kritik der reinen Vernunft die Einleitung in Elementar- und Methodenlehre anwenden. Dagegen leugnet Kant die Möglichkeit einer Wissenschaft des Schönen — mit welchem Recht, werden wir später sehen — er kann daher für den in der Kritik der aesthetischen Urteilskraft zu behandelnden Stoff die Einleitung in »Elementar-« u. »Methodenlehre« nicht in Anwendung bringen. (Vgl. »Kritik der Urteilskraft« ed. Hartenstein pag. 366 ed. Rosenkranz u. Schubert pag. 234).

Einer Besprechung dieser Disposition müssen wir vorausschicken, dass sie nicht für die »Kritik der Urteilskraft« erst ihre Prägung erfahren hat, sondern dass sie im wesentlichen für die Kritik der reinen Vernunft ursprünglich gebildet worden ist. Aus diesem Umstand allein schon erklären sich zum Teil die mannigfachen Incongruenzen zwischen F o r m und I n h a l t, die wir in der »Kritik der aesthetischen Urteilskraft« finden werden.

Eine Behandlung der einzelnen Teile der Disposition wird dies bestätigen.

Es ist ein Haupterfordernis jeder Disposition, dass die Teile einander ausschliessen: hierauf also würden wir auch bei einer Betrachtung der Einteilung in Analytik und Dialektik ganz vorzüglich unser Augenmerk zu richten haben.

Nun stehen in der Kritik der reinen Vernunft diese beiden Teile (die dort zusammen die transscendentale Logik ausmachen) auf kunstvolle Weise in e i n e m m e h r f a c h e n G e g e n s a t z. Erstens ist hier die B e h a n d l u n g s w e i s e d e s S t o f f e s in beiden Teilen eine verschiedene. Besteht die Aufgabe der A n a l y t i k darin, in ruhigem Fortgang eine Zergliederung des Untersuchungsobjectes zu geben, so stellt die D i a l e k t i k einander widerstreitend Sätze, von denen jeder auf allgemeine Gültigkeit Anspruch macht, als Antinomie gegenüber und giebt nachdem der Widerspruch bis ins einzelne constatiert ist, eine Auflösung desselben. [1] Hat ferner die »Analytik das Vermögen

*(Marginalia:)* 1. Die Einteilung in Analytik u. Dialektik (vgl. Kritik der reinen Vernunft, ed. Hartenstein Bd. III S. 88 flg. ed. Rosenkranz u. SchubertBd.II S 64flg. u. die von Jäsche bearbeitete formale Logik Kant's, ed. Rosenkranz u. Schubert Bd. III, S. 175 flg.)

---

[1] Auf die Frage: wie ist es möglich, dass zwei einander widersprechende Sätze auf allgemeine Gültigkeit Anspruch machen? erhalten wir in der Kritik der reinen Vernunft (ed. H. S. 244; ed. Ros. u. Schub. Bd. IV S. 238) eine Antwort. In der Vernunft, dem Vermögen der Schlüsse, liegt nämlich ein S t r e b e n n a c h T o t a l i t ä t begründet: sie sucht zu jedem Bedingten die Bedingung auf, indem sie dabei die Schranken, welche unserer Erkenntnis, (die sich auf das durch die Erfahrung belegbare beschränkt gesetzt sind, »überfliegt«; hiedurch wird sie zu Annahmen geführt, die durchaus das Gepräge objectiver Grundsätze tragen, die aber thatsächlich auf einer Illusion«, auf dem »transscendentalen Scheine« beruhen: und in Widersprüche verwickeln. Die Aufgabe einer Dialektik besteht nun darin, derartige Sätze, die sich auf den »transscendenten« Gebrauch der Vernunft gründen, einander entgegenzustellen, ihren Widerstreit zu zeigen und durch einen Hinweis auf die notwendige Illusion der schliessenden Vernunft zu lösen. — Dass er im ganzen d r e i A r t e n von Antinomien giebt, führt Kant »Kritik der Urteilskraft« ed. Hartenstein Bd. S. 356; ed. Rosenkranz Bd. IV S. 222 aus.

des Verstandes zu zerlegen, so hat es die Dialektik mit den Widersprüchen, in die sich die schliessende Vernunft verwickelt, zu thun. Es sind also in der Kritik der reinen Vernunft zweitens auch verschiedene Vermögen unserer Erkenntnis, mit denen sich auf der einen Seite die »Analytik« und auf der anderen Seite die »Dialektik« beschäftigt. Dem entspricht nun in der »Kritik der reinen Vernunft« der inhaltliche Gegensatz der beiden Teile. Hier werden in der transscendentalen Dialektik die hisher noch nicht berührten letzten Fragen, welche uns die Vernunft aufgiebt, (»von der Totalität des Zusammenhangs der Erscheinung, von dem Dasein Gottes etc.) auf ihre Lösbarkeit hin geprüft. Als Resultat von Kants Untersuchung ergiebt sich, dass nur der Verstand — dessen Functionen die transscendentale Analytik untersucht — constitutive Principien für unsere Erkenntnis enthält, während die Vernunft — deren Wesen die transscendentale Dialektik entwickelt — nur regulative Principien für unsere Erkenntnis in sich trägt. Die beiden Teile, Analytik und Dialektik, schliessen sich also in der Kritik der reinen Vernunft vollständig aus.

In der Kritik der Urteilskraft dagegen stehen diese beiden Teile durchaus nicht in einem klaren Gegensatz zu einander. Hier ist zwar der rein äusserliche Unterschied in der Behandlungsweise des Stoffes festgehalten, hingegen haben beide Teile, die Analytik sowohl, wie die Dialektik, die Untersuchung derselben Frage [1]) zum Gegenstande, die sie überraschender Weise verschieden lösen, weil die Analytik eine Lösung des Problems: »Woraus erklärt sich die Allgemeingültigkeit der ästhetischen Urteile?« nur in Bezug auf den Verstand [2]) giebt, während die Dialektik dieselbe Frage in Rücksicht auf die Vernunft löst. Für eine derartige, zunächst durchaus unverständliche Künstelei kann nur als einzige Erklärung dienen, dass in diesem Falle die Einteilung der »Kritik der reinen Vernunft , wir dürfen wohl sagen, etwas mechanisch nachgebildet wurde.

---

[1]) Ausgenommen ist der Teil der Analytik, welcher das Geschmacksurteil der Qualität nach behandelt.

[2]) »Und die Einbildungskraft ; was hier wegbleiben könnte, da es sich an dieser Stelle nur um den Gegensatz von Verstand und Vernunft handelt.

Dass dieses Einteilungsprincip schädlich und dem Verständnis der Kritik der Urteilskraft hinderlich ist, werden wir später (§ 55) noch sehen.

**2. Die Einteilung in Exposition und Deduction.** Ueber die Einteilung in Exposition und Deduction giebt uns Kant selbst einigen Aufschluss in der Kritik der reinen Vernunft (ed. Hartenstein Bd. III S. 106; ed. Rosenkranz u. Schubert Bd. II S. 82 flg.) Wie die Rechtsgelehrten die Frage nach dem Thatbestand (quid facti) von der Frage nach der Berechtigung des gerichtlichen Verfahrens (quid iuris) trennen, so will Kant in der E x - p o s i t i o n  eine  e i n f a c h e  Z e r g l i e d e r u n g der Thatsachen unseres Erkennens geben, während die »Deduction« die L e g i t i - m a t i o n  d e r  B e r e c h t i g u n g  d e r  E x p o s i t i o n  bieten soll. Der Verfasser gleicht in der »Exposition« einem Manne, der uns eine in Ruhe befindliche Maschine auseinandernimmt und erklärt, in der »Deduction« einem, der sie wieder zusammengesetzt und in Thätigkeit gebracht hat und uns nun den Beweis giebt, dass sie in der That richtig functioniert: d i e  D e d u c t i o n  m a c h t d i e  P r o b e  a u f  d i e  R i c h t i g k e i t  d e r  E x p o s i t i o n. Diese Bedeutung hat die Deduction in der Kritik der reinen Vernunft: und hier erscheint dieses ganze Verfahren als ein Muster vorsichtiger Analyse: nicht so in der Kritik der Urteilskraft, wo sie auf eine blosse Tautologie hinausläuft.

Die doppelte Fragestellung: 1. Was sind ästhetische Urteile? (Exposition) und 2. Wie sind ästhetische Urteile möglich? (Deduction) ist deshalb nicht berechtigt, weil eine genaue Zergliederung des ästhetischen Urteils bereits alles enthalten musste, was zu einer Erklärung der Möglichkeit des ästhetischen Urteils gesagt werden konnte. Wir können daher den Versuch einer Rechtfertigung der Deduction der ästhetischen Urteile, den Kant in § 30 der Kritik der Urteilskraft bietet, nicht billigen. Als Gründe für die Notwendigkeit einer Deduction der ästhetischen Urteile giebt Kant an, dass das Geschmacksurteil auf Gründen a priori beruhe, und dass es ein Wohlgefallen an der Form der Objecte betreffe. Es soll also auch durch diese Deduction die Berechtigung der in der Analytik aufgestellten Sätze dadurch bewiesen werden, dass Kant zeigt, w i e  s i c h  u n s e r  a p r i o r i - s c h e s  E r k e n n t n i s v e r m ö g e n  d e s  d u r c h  d i e  S i n n - l i c h k e i t  g e g e b e n e n  S t o f f e s  b e m ä c h t i g t.  So erklärt es sich, dass Kant für das Erhabene, welcher nach seiner Ansicht einen Grund nicht in der F o r m des erhabenen« Gegenstandes, sondern lediglich im a n s c h a u e n d e n Subject hat, eine Deduction nicht giebt, während er sie für das Schöne für nötig hält. Dass aber die Analytik des Schönen ebensowenig, wie die des Erhabenen, einer derartigen Rechtfertigung bedarf, zeigt die Ausführung der Deduction der ästhetischen Urteile auf das Deutlichste. Sie ist in der That nur eine Wiederholung der Hauptgedanken der Exposition, die hier anders gruppiert und endlich zu einer Lösung zugespitzt werden, die wir bereits in der Exposition erhalten haben. Einen Gedanken, der in der Exposition nicht wenigstens schon angedeutet wäre, werden wir in der Deduction vergeblich suchen.

Dass daher Kuno Fischer im Unrecht ist, wenn er (in der Geschichte der neueren Philosophie 2. Aufl. Bd. IV S. 608) sagt: So ist die Aufgabe der ästhetischen Deduction in jeder Rücksicht eine eigentümliche und von ähnlichen Aufgaben im Reiche der Kritik verschiedene wird man einsehen, sobald man die einzelnen Paragraphen der Deduction mit denen der Exposition vergleicht (vgl. e. g. § 6 mit § 32, § 8 mit § 33, § 9 mit § 35, § 20 mit § 38 und § 21 mit § 40).

Gegen die Einteilung der Exposition in die Analytik des Schönen und die Analytik des Erhabenen würden wir nichts einzuwenden haben, wenn die Analytik des Schönen bereits zu einem Endergebnis betreffs unserer Erkenntnis des Schönen käme: denn ein solches muss bereits gewonnen sein, wenn wir an die Behandlung des Erhabenen welches zu den gemischten ästhetischen Empfindungen gehört), herantreten wollen. Da aber bei Kant die Analytik des Schönen die Lösung der ästhetischen Fragen nur beginnt und zu einem vorläufigen Resultat führt, unterbricht die Analytik des Erhabenen den Gang der Untersuchung in unstatthafter Weise; ein Umstand, auf den wir später zurückkommen werden.

»Da alle Erkenntnis im Beurteilen besteht, alle Urteile durch »Kategorien bestimmt werden, so nimmt Kant die letzteren als die unverrückbaren Gesichtspuncte, unter denen er jedes Object, jeden Gegenstand seiner Untersuchung beleuchtet (vgl. K. Fischer Geschichte der neueren Philosophie II. Aufl. Bd. III S. 363).

3. Die Einteilung der Exposition in die Analytik des Schönen und die Analytik des Erhabenen.

4. Die Einteilung der Analytik des Schönen nach den Kategorien.

Nun müssen wir Kant[1]) darin recht geben, dass sich jedes Erkenntnisobject nach den Kategorien untersuchen lässt: nur fragt es sich, ob dieses Verfahren stets f r u c h t b r i n g e n d , ob es stets das n a t ü r l i c h e und dem S t o f f a n g e m e s s e n e ist? Das letztere müssen wir für die Zergliederung des Begriffes des Schönen verneinen, der ja nicht in das Gebiet der Kategorien des Verstandes, sondern vielmehr in das der reflectierenden Urteilskraft gestellt wird.

Wenn Kant z. B. das Geschmacksurteil der Quantität nach als a l l g e m e i n und der Modalität nach als n o t w e n d i g bezeichnet, so ist damit eben weiter nichts gesagt, als: Das Geschmacksurteil beruht auf Gründen apriori ; das ist e i n e wesentliche Eigenschaft des Geschmacksurteils, deren beide Seiten die Allgemeinheit und Notwendigkeit sind. Und doch behandelt Kant dem Kategoriensystem zu Liebe, in welchem er die Kategorien der Qualität und Quantität gegenüber den Kategorien der Relation und Modalität zusammenzuordnen pflegt, die A l l g e - m e i n h e i t des ästhetischen Urteils und die N o t w e n d i g k e i t desselben gesondert. Eine eigene Bewandnis hat es auch mit der Kategorie der Relation. Der Relation nach ist das Schöne z w e c k m ä s s i g für den Zustand unserer Erkenntniskräfte. Nun ist es zunächst sehr befremdlich, wenn Kant unser Wohlgefallen am Schönen auf eine formale Z w e c k m ä s s i g k e i t desselben für unser Erkenntnisvermögen zurückführt und man könnte sich wohl zu der Annahme veranlasst fühlen, Kant habe diese Bezeich- nung lediglich gewählt, um eine Beziehung des Schönen zu den Kategorien der R e l a t i o n (C a u s a l i t ä t) herauszufinden. Trotzdem würde man mit dieser Annahme irren : die Verbindung des Geschmacksurteiles über das Schöne mit dem Begriff der

---

[1]) Kant selbst sagt über die Kategorien in den »Prolegomena zu einer jeden künftigen Metaphysik« etc. ed. Hartenstein Bd. IV S. 73; ed. Rosen- kranz u. Schubert Bd. III S. 91 :

»Dieses System der Kategorien macht nun alle Behandlung eines jeden »Gegenstandes der reinen Vernunft wiederum systematisch und giebt eine un- »gezweifelte Anweisung oder Leitfaden ab, wie und durch welche Puncte der »Untersuchung jede metaphysische Betrachtung, wenn sie vollständig werden »soll, müsse geführt werden : denn es erschöpft alle Momente des Verstandes, »unter welche jeder andere Begriff gebracht werden muss.«

»Causalität ist vielmehr bei Kant eine durchaus organische; sie erklärt sich daraus, dass Kant von dem Causalitätsproblem aus zu der Notwendigkeit einer teleologischen Betrachtungsweise der Natur kam, und dass sich ihm von hieraus das Wesen der ästhetischen Naturbetrachtung erschloss.

Wenn wir das bisher über die einzelnen Teile der Kantischen Disposition Gefundene kurz zusammenfassen, so dürfte sich etwa Folgendes ergeben:

Das ganze Gebäude der Disposition der ästhetischen Urteilskraft ist zu künstlich für eine durchaus lichtvolle und widerspruchsfreie Entwickelung des Stoffes. Das zeigt sich besonders in den häufigen Wiederholungen, zu welchen Kant ganz allein durch das Schema seiner Disposition gezwungen ist. So kommt es vor, dass er den Faden der Untersuchung fallen lässt, ihn später wieder aufnimmt und ihn abermals fallen lässt, um ihn wieder aufzunehmen. In dieser Weise ist die Hauptfrage der Analytik des Schönen ein zweites Mal in der Deduction der Geschmacksurteile behandelt und ein drittes Mal in der Dialektik der ästhetischen Urteilskraft. Man hüte sich, einen derartigen Fehler für etwas rein äusserliches zu halten oder zu meinen, er könne den Werth der Kantischen Untersuchung nicht wesentlich beeinträchtigen. Im Gegenteil! Gerade dieser Fehler der mehrfachen Behandlung einer Frage in nicht durchaus congruenter Weise macht es dem Leser der Kritik der Urteilskraft eigentlich unmöglich, auf Grund dieser Lectüre zu einer einheitlichen Erkenntnis der Gründe unseres Wohlgefallens am Schönen zu gelangen. Wenn Kant zunächst (in der Analytik des Schönen und in der Deduction der reinen Geschmacksurteile) behauptet, dass die Allgemeingültigkeit der ästhetischen Urteile sich auf ein durch gewisse Formen der Natur und Kunst hervorgerufenes Spiel der Erkenntniskräfte gründe und an zweiter Stelle (in der Dialektik der ästhetischen Urteilskraft) dieselbe durch die Teilnahme der Objecte an der ästhetischen Idee erklärt: so kann der Leser durch diese zwei sich anscheinend widersprechenden Resultate nur verwirrt werden. Die von Kant beabsichtigte Synthesis, dass beide Momente zur Erregung unserer ästhetischen Lust zusammenwirken müssen, kann der unbefangene Leser unmöglich vollziehen.

Wie Kant durch seine Disposition zu vielfachen Wiederholungen gezwungen ist, so sieht er sich — im Zusammenhang damit — häufig veranlasst, mit seiner letzten Entscheidung auch da noch zurückzuhalten, wo wir dieselbe schon erwarten, weil er sie erst an einer späteren Stelle seiner Disposition bieten darf. Besonders charakteristisch hierfür ist eine Stelle in der Analytik des Schönen. In § 9 der Analytik des Schönen ist die Frage: worauf beruht die Allgemeinheit der ästhetischen Urteile? Gegenstand der Untersuchung, und Kant hat dieselbe bereits soweit geführt, dass er als Antwort giebt: Die Allgemeinheit der subjectiven Bedingungen« (die selbst schon näher charakterisiert sind), ist die Ursache dafür. Jetzt galt es nur noch, für diese subjectiven Bedingungen einen sie näher bestimmenden Ausdruck zu finden: da bricht Kant ab mit der Bemerkung: die Erörterung dieser Frage müssen wir uns zur Beantwortung derjenigen »ob?« und »wie« ästhetische Urteile a priori möglich »sind vorbehalten . Und doch war eben dieses ob? und »wie?« eigentlich schon beantwortet und bedurfte nur noch einer letzten Formulierung.

Dieses Zurückhalten aber mit den letzten Bestimmungsgründen, die zur Lösung einer Frage dienen, ist nicht immer möglich: es ist nicht ausführbar in der Analytik des Erhabenen und nicht bei der Zergliederung der Vermögen, welche das Genie ausmachen. Daraus ist es auch zu erklären, dass Kant auf die Analytik des Erhabenen nicht eine Deduction desselben folgen lässt, und dass diejenigen Abschnitte, welche über das Genie handeln, mit der Kantischen Disposition nur in einem lockeren Zusammenhang stehen. Dass aber der Inhalt der Kritik der ästhetischen Urteilskraft für die von Kant mit klügelndem Verstande construirte Form zu mächtig war, zeigen diese beiden über den Rahmen der Disposition überragenden Teile. Eine eingehende Besprechung des Einzelnen wird zeigen, dass Kants Geist in eben jenen Teilen, wo der Autor die Fesseln einer strengen Disposition abgeworfen hat, am kräftigsten hervortritt.

Hiermit verlassen wir die Disposition der Kritik der Urteilskraft, um zur Hervorhebung derjenigen Puncte zu schreiten, an

denen uns Kant's Aufstellungen das Richtige überhaupt nicht zu
treffen oder doch im Schwanken begriffen zu sein scheinen,
ohne dass dieser Umstand auf die Disposition
des Stoffes zurückzuführen ist. Gleichwohl werden
wir auch in diesen Fällen vor allem die Gründe aufsuchen
müssen, die Kant hier eine unrichtige Meinung vorbringen, dort
nicht in Uebereinstimmung mit sich selbst erscheinen lassen.
Denn während sich bei manchen anderen Philosophen diese Incongruenzen aus dem Sprunghaften und Zufälligen ihres Denkens
erklären lassen, müssen wir bei einem so scharfen und so vor-
sichtigen Denker, wie Kant, die Gründe hierfür vielmehr in der
Natur des Stoffes oder in der Eigentümlichkeit des Kantischen
Systems oder in der Richtung des Zeitalters Kant's suchen.

Ich kann es fast übergehen, dass Kant die freie« Schön- Einwände gegen den
heit im Vergleich mit der »abhängenden (der durch Begriffe Inhalt der Kritik
der Urteilskraft.
fixierten) Schönheit überschätzt, [1]) und dass er im Zusammenhang
damit dem Kunstschönen im Verhältnis zum Naturschönen
durchaus nicht an allen Stellen seines Werkes gerecht wird: das
sind unbedeutende Mängel, welche teils in Kant's Natur, teils in
dem Charakter der Epoche, in der Kant lebte, ihre Erklärung
finden.

Eine scharfe Hervorhebung verdienen hingegen folgende
Punkte.

Kant wird dem sinnlichen Charakter des
Schönen nicht gerecht. Dass der Empfindungsgehalt der höheren Sinne einen der Factoren des aesthetischen Fühlens ausmacht, beibt bei Kant völlig unberücksichtigt.
Worauf dieser Mangel zurückzuführen ist, wird eine Besprechung
des Schönen der Relation nach zu zeigen haben, wo sich
ergeben wird, dass Kant, indem er den englischen Empiristen, welche das Schöne mit dem die Sinne Reizenden vollständig identificierten, polemisch gegenübertritt, zu einer allzu
rigoristischen Auffassung des Unterschiedes zwischen dem sinnlich
Wohlgefälligen und dem Schönen gedrängt wird.

---

[1]) Die Belege für die hier von mir vorgetragenen Ausstellungen an d.
Kritik der Urteilskraft behalte ich mir für den zweiten Teil meiner Abhandlung vor.

Immerhin wiegt auch dieser Einwand gegen Kants Auffassung des Schönen leicht im Vergleich mit derjenigen starken Inconsequenz der Kritik der aesthetischen Urteilskraft, die wir jetzt zu besprechen haben.

Es ist eine vielumstrittene Frage der Aesthetik, ob unser Wohlgefallen am Schönen rein subjectiv ist, oder ob es in den Objecten seinen Grund hat, ob es ein Ausdruck innerer Vorgänge, der Betrachtungsweise, für welche die Gegenstände unser uns keinen Anhalt gewähren ist, oder ob ihm etwas im Grunde liegt, in den Gegenständen außer uns enthalten ist.

Zu dieser Frage muss jede ästhetische Systematik seine Stellung nehmen, denn jedes Schwanken in dieser Beziehung muss notwendig vielfache Inconsequenzen nach sich ziehen.

Nun lässt sich aber nachweisen, dass Kant in der Kritik der Urteilskraft ..... einer völlig einheitlichen Überzeugung in dieser Frage nicht gekommen ist. Vielmehr kann ..... eine ganze Reihe von Stellen anführen, aus welchen zumal ......deutlich hervorgeht, dass Kant gewissen Formen der Natur sowie des Kunstschönen ..... zugesteht, unsere Einbildungskraft ..... versetzen und der ..... Vermutung zu Hilfe kommen ..... die ..... Bestimmung des Subjects direct befriedigen zu ..... geworden.[1]

[1] Die ..... sich hierauf ..... Aeusserungen der »Kritik« ..... rteilskraft führe ich ..... Kritik ..... Urteilskraft Hartenst. Bd. V ..... 237 ed. Rosenkranz ..... ....... Befriedigung des Wohlgefallens ..... Masse ..... ..... Kräfte ..... durch Beispiele ..... Geschmacks ..... ..... Verträglichkeit ..... Menschen gemeinschaftlichen Gründen ..... Allgemeinheit der »Beurteilung der Formen, unter denen ihnen Gegenstände gegeben werden.«

Vgl. ferner Kritik d. Urteilskr. Hartenst. Bd. V S. 233 ed. Rosenkranz ..... Schülern S. 99 u. 100 ..... die Naturschönheit erweitern ..... merklich ..... ..... unserm Begriff von der Natur, als ..... ..... Mechanismus zu dem Begriff von eben derselben als Kunst ..... zu treffen »Untersuchungen über die Möglichkeit einer solchen Form ..... einladet.«

Vgl. ferner Kritik d. Urteilskr. Hartenst. Bd. V S. 319 ed. Rosenkranz ..... Schülern Bd. III S. 107 ..... »Vernunft nimmt Interesse daran ...«

Wie es aber durchaus sicher ist, dass Kant diese Ansicht
ausgesprochen hat und wie keine Erklärung [1]) es versuchen sollte,
diese Klippe zu beseitigen, ebenso steht es unumstösslich fest,
dass man umfangreiche Abschnitte der Kritik der Urteilskraft für
die gegenteilige [2] Ansicht, wonach das Schöne eine l e d i g l i c h
in u n s e r e m  g e i s t i g e n  V e r m ö g e n  b e g r ü n d e t e  B e-
t r a c h t u n g s w e i s e ist, als Beleg anführen kann.

Als Schlüssel für diese Inconsequenz kann uns auch hier
nur die Kritik der reinen Vernunft dienen. In der Kritik der
reinen Vernunft findet nämlich ein ähnliches Schwanken zwischen
einem b e d i n g u n g s l o s e n und einem b e d i n g t e n  I d e a-
l i s m u s statt. Hier handelt es sich um die Frage: Wie ver-

---

«dass die Natur wenigstens eine Spur zeige oder einen Wink gebe. s i e  e n t-
»h a l t e  i n  s i c h  i r g e n d  e i n e n  G r u n d  e i n e r  g e s e t z m ä s s i g e n
»U e b e r e i n s t i m m u n g  i h r e r  P r o d u c t e  z u  u n s e r e m  v o n  a l l e m
»I n t e r e s s e  u n a b h ä n g i g e n  W o h l g e f a l l e n.«  V g l. dazu endlich
§ 57 der Kritik der Urteilskraft, wo Kant das Wohlgefallen am Schönen auf
einen unbestimmten Begriff vom übersinnlichen Substrat der Erscheinung
gründet.

Der ganze § 57 'ed. Hartenstein pag. 350 flg. ed. Rosenkranz u.
Schubert pag. 214 flg. enthält nach unserer Ansicht eine Art der objectiven
Begründung des Schönen.

[1]) Für einen Erklärungsversuch, welcher diese Klippe zu beseitigen
sucht, hat man die Ausführung Kuno Fischers Geschichte der neueren Philosophie II. Aufl. Bd. IV S. 613 flg. über den Idealismus der Zweckmässigkeit zu halten, wenn er z. B., um Kant's idealistische Ansicht in aesthetischer
Beziehung zu beweisen, anführt, dass Kant den Bestimmungsgrund des Schönen in »dem übersinnlichen Substrat der Menschheit« gefunden habe, aber
verschweigt, dass Kant ihn gleichzeitig in dem übersinnlichen Substrat
der Natur d. i. der Objecte ausser uns, findet. Vgl. K. d. U. ed. Hartenstein S. 351. ed. Rosenkranz u. Schubert S. 216, wo Kant die Allgemeinheit des aesthetischen Wohlgefallens durch den reinen Vernunftbegriff »von
»dem Uebersinnlichen, was 1 dem Gegenstande und 2 auch dem urteilenden
»Subjecte . . . . zu Grunde liegt.« zu erklären versucht.

[2] Vgl. § 58 der Kritik der Urteilskraft ed. Hartenstein Bd. V
S. 358—362. ed. Rosenkranz u. Schubert Bd. IV S. 223—229. Hier ist
als Grund des aesthetischen Wohlgefallens eine »Zweckmässigkeit ohne Zweck«
bezeichnet, also der Idealismus der Schönheit des Objectes festgehalten. Vgl.
ferner § 11 u. § 12 der »Kritik der Urteilskraft«, ed. Hartenstein p. 225
u. 226: ed. Rosenkranz u. Schubert pag. 67—70.

hält sich die Erscheinung zu dem Ding an sich?« Bietet sie
vielleicht ein, wenn auch nur ganz entferntes, Aequivalent des
»Dinges an sich«, das ausser uns befindlich [1]) durch die auffassende Sinnlichkeit und den ordnenden Verstand diejenige Form
erhält, welche wir an der Erscheinung wahrnehmen, oder ist die
Erscheinung nur eine Vorstellung in uns, der in keiner Weise
ein ausserhalb unserer Vorstellung existierendes Etwas entspricht,
ein blosses inneres Erleben, für welches es einheitliche Gesetze giebt.

Es ist bekannt, dass man bald die eine und bald die andere
dieser Auffassungen in der »Kritik der reinen Vernunft« gefunden
hat, und man hat beide mit Recht darin gefunden, weil b e i d e
in der Kritik der reinen Vernunft wirklich enthalten sind. Nur darin besteht das Unrecht der Beurteiler
Kant's, dass sie je nach ihrer Ansicht behaupten, Kant habe nur
eben ihre, nicht aber die gegenteilige Ansicht ausgesprochen;
wo sich aber Spuren der gegenteiligen Ansicht fänden, seien diese
durch eine Ungeschicklichkeit Kant's oder durch irgend welchen
Zufall in den Text gekommen. [2])

Kant selbst scheint übrigens nachträglich seine Stellung zur
Lösung dieser Frage bezeichnet zu haben, indem er der II. Auflage
der Kritik der reinen Vernunft eine Bekämpfung von Berkley's
Idealismus [3]) einfügte. Auch sonst hat Kant in der II. Auflage

---

[1]) Die Bezeichnung »ausser uns befindlich« ist natürlich nur ein Not-
behelf, da räumliche Bezeichnungen auf das »Ding an sich« eigentlich keine
Anwendung haben; was wir hier als etwas »ausser uns Befindliches«, Seien-
des« bezeichnen, erscheint bei G. Glogau: »Abriss der philosophischen Grundwissenschaften« II. Bd. § 58 S. 69 als »überindividuelle und übersub-
jective Sollicitation, die eine eigene feste Gesetzlichkeit zeigt.« Vgl. auch
zu der ganzen Frage: G. Glogau: Abriss der philosophischen Grundwissenschaften, II. Bd. § 99 S. 120 u. flg.

[2]) Interessant ist in dieser Beziehung der Brief A. Schopenhauers an
Rosenkranz vom 24. Aug. 1837, welcher in dem II. Bd. d. Kantausg. von
Rosenkranz u. Schubert, Vorrede, S. XI abgedruckt ist.

[3]) Vgl. Kritik der reinen Vernunft, ed. Hartenstein Bd. III S. 197 flg.
ed. Rosenkranz u. Schubert Bd. II S. 772 flg. K. Fischer stimme ich nicht
bei, wenn er in Rücksicht auf diese Stelle sagt: »das ist keine Widerlegung
»Berkley's, sondern eine Umschreibung des eigenen Idealismus, welche die
»Sache der gewöhnlichen Vorstellung näher rücken und fasslicher machen
»wollte.« (Gesch. d. neueren Phil. II. Aufl. III, 431).

den Text der I. Aufl., in der Absicht, den idealistischen Charakter seines Systems abzuschwächen, mannigfach verändert.

Dieses Schwanken nun, welches in Kant's Ansichten zwischen einem bedingten und einem bedingungslosen Idealismus in Bezug auf die Erscheinung überhaupt herrscht, musste auch seine Ansichten über den Realismus oder Idealismus des Schönen stark beeinflussen.

Nimmt Kant an, dass der Erscheinung etwas Ansichseiendes ausser uns zu Grunde liege, so war es natürlich, dass er zu der Annahme kam, das Schöne ist die wahre Vermittlerin zwischen der Welt der Sinnlichkeit und der Welt des Übersinnlichen: es giebt in der Welt Formen, die in ihrem Wesen das unsrige einschliessen,[1]) die dem anschauenden Subject ein »Mehr« zeigen, als der für die Erscheinung gesetzgebende Verstand zu erkennen vermag.

Nimmt Kant dagegen an, dass die Erscheinung ein blosses Product der Thätigkeit unserer Gemütskräfte sei, dann kann er auch nur für den Idealismus des Schönen eintreten: dann ist das Schöne ein Gebilde des sich selbst beschauenden Ichs, ein Selbstgeniessen des Subjects.

Diese beiden unvereinbaren Auffassungen finden sich nun in der That in der Kritik der aesthetischen Urteilskraft.

Die volle Rechtfertigung aber für diese Einwürfe gegen die Kritik der Urteilskraft, sowie für meine übrigen bisher gegebenen Ausführungen kann nur durch eine fortlaufende Besprechung der einzelnen Abschnitte der Kritik der aesthetischen Urteilskraft gegeben werden, welche jetzt folgen soll, und zwar gedenke ich mich hierbei Kant's Gedankengang genau anzuschliessen, seine Anordnung jedoch insofern nicht einzuhalten, als ich das Erhabene nicht an der Stelle, welche es in Kant's

---

[1]) Zu diesem Gedanken vgl.: G. Glogau, Grundriss der Psychologie § 217, S. 114.

Kritik der Urteilskraft einnimmt, besprechen werde, sondern eine Beurteilung des auf das Erhabene bezüglichen Abschnittes der Kritik der Urteilskraft als Anhang meiner Abhandlung beifügen werde. Abgesehen davon nämlich, dass das Erhabene mit dem Thema meiner Abhandlung nur in einem losen Zusammenhang steht, spricht für mein Einteilungsprincip auch der Grund, dass das Erhabene nur in seinem Verhältnis zur »Idee« verstanden werden kann, dass also eine Behandlung des Begriffes der aesthetischen »Idee« vorausgehen muss, bevor wir dasselbe erklären können. Durch diese Aenderung der Kantischen Disposition gewinnen wir ausserdem den Vorteil, dass die beiden Hauptteile der Analytik der Geschmacksurteile über das Schöne [1] — die Exposition und die Deduction — in unserer Besprechung zusammengerückt sind.

Die übrigen Änderungen, welche wir mit der Kantischen Disposition vornehmen, sind weniger wesentlicher Art. Ausführlich soll in Anlehnung an Kant das Geschmacksurteil nach den »Kategorien« der Qualität, Quantität, Relation und Modalität besprochen werden. Hingegen werden wir über die Deduction der Geschmacksurteile, die, wie wir sahen (§ 49) wesentlich Neues nicht bietet, mit einigen Bemerkungen hinweggehen können. Wir haben mit der Besprechung dieser Teile des Kantischen Werkes dann einen Überblick über das, was Kant zur Bestimmung des Schönen in seinem Verhältnis zur äusseren Form und zur Sinnlichkeit sagt, gewonnen und werden mit Recht hier den I. Hauptabschnitt unserer Besprechung der Kritik der aesthetischen Urteilskraft schliessen.

Der II. Abschnitt dieser Besprechung würde dann diejenigen Teile der Kritik der aesthetischen Urteilskraft enthalten, welche Kant's Auseinandersetzungen über das Verhältnis des Schönen zur Idee in sich schliessen. Hier kommen in Betracht ı. § 43 § 54, welche Kants Ausführungen

—

[1] Die Exposition der Geschmacksurteile über das Schöne u. die Deduction dieser Geschmacksurteile sind bei Kant durch die »Analytik des Erhabenen« getrennt

über die Kunst und das Genie enthalten, 2. § 55—§ 57, die
Dialektik der aesthetischen Urteilskraft enthaltend, und endlich 3.
§ 58 und § 59, in welchen Kant von dem Idealismus der Zweckmässigkeit der Natur sowohl als der Kunst als dem alleinigen
Princip der aesthetischen Urteilskraft« und »von der Schönheit
als Symbol der Sittlichkeit« handelt.

Eine Auseinandersetzung über die möglichen Verhältnisse
der Idee zur Wirklichkeit würde uns dann zur Besprechung des
Erhabenen überleiten, welche wir, wie schon gesagt, als »Anhang«
unserer Abhandlung anfügen wollen.

# B. Zweiter besonderer Teil.

## I. Abschnitt.

### Das Schöne in seinem Verhältnis zur Sinnlichkeit und zur äusseren Form.

#### 1. Analytik des Schönen.

##### α. Inhaltsangabe.[1]

Das Geschmacks-urteil der Quali-tät nach.[1] Kritik d. U. ed. Hartenstein S. 207 - 315, ed. Ro-senkr. u. Schubert. S. 45—54).

Wenn Kant die Beschaffenheit (Qualität) des Geschmaksurteils bestimmen will, so muss er dasselbe in seiner Eigenart gegenüber den anderen Gattungen von Urteilen abgrenzen. Das thut er durch die Beantwortung der Fragen: Wie unterscheidet sich das Geschmacksurteil von dem Erkenntnisurteil? Und: Welcher specifische Unterschied besteht zwischen dem mit der Beurteilung des Schönen verbundenen Wohlgefallen einerseits und dem mit der Empfindung des Angenehmen und der Beurteilung des Guten verbundenen Wohlgefallen andererseits?

Auf die erste Frage antwortet Kant: Das Geschmacksurteil ist aesthetisch d. h. durch das Geschmacksurteil wird nichts ausgesagt, was zur Erkenntnis der Beschaffenheit eines Objectes beitragen könnte; das Geschmacksurteil bezeichnet vielmehr nur die Art, wie ein Object das Subject unter Lust oder Unlust affiziert. Das aesthetische Urteil unterscheidet sich also von dem logischen Urteil nicht dem Grade, sondern der Art nach. Nicht auf ebenso geradem Wege, wie bei der Beantwortung der ersten

---

[1] Die folgenden Ausführungen sollen durchaus den Charakter eines blossen Referats festhalten; erst am Ende des I. Abschnittes werden wir in Anlehnung an die in der Einleitung aufgestellten Gesichtspunkte unser Urteil über die Ansichten Kants formulieren.

Frage konnte Kant bei der Behandlung der zweiten und dritten
Frage vorgehen; er musste vielmehr, bevor er zur Lösung derselben schreiten konnte, eine Eigentümlichkeit des Geschmacksurteils
besprechen, welche er in den Worten: Das Wohlgefallen am
Schönen ist interesselos« zusammengefasst.
Unter Interesse versteht Kant hier dasjenige Wohlgefallen,
welches sich an die Existenz eines Gegenstandes knüpft. Ein
solches Wohlgefallen aber steht stets in Beziehung zu unserem
Begehrungsvermögen, zu unserem Wollen und demgemäss zu
unserem Handeln. Von dieser Beziehung auf das Begehrungsvermögen ist das Wohlgefallen am Schönen frei. Selbst dasjenige,
dessen Existenz man vom sittlichen Standpunkt aus missbilligt,
kann man aesthetisch beurteilt schön finden; so kann man
mit Rousseau »auf die Eitelkeit der Grossen schmähen, welche
den Schweiss des Volkes zur Erbauung grosser Paläste missbrauchen,
ohne doch eben diesen Palästen, deren Existenz man missbilligt, seine aesthetische Bewunderung zu versagen. Diesem
interesselosen aesthetischen Wohlgefallen steht das mit Interesse
verbundene Wohlgefallen am Angenehmen und am Guten gegenüber.

Angenehm ist, was den Sinnen in der Empfin-
dung gefällt. [1] In dieser Definitive bedeutet Empfindung
nicht ein subjectives Gefühl der Lust oder Unlust, sondern eine
objective Wahrnehmung der Sinne. [2]

Jede Wahrnehmung der Sinne, behauptet nun Kant, affiziert
das Begehrungsvermögen, ist also mit Interesse an der Existenz
des wahrgenommenen Objects verbunden. »Es ist nicht blosser
Beifall, den ich dem Angenehmen (resp. Unangenehmen) widme
(resp. versage), »sondern Neigung (resp. Abneigung) wird dadurch erzeugt.

Das Kind in der Wiege greift nach den Gegenständen,
durch welche seine Sinne angenehm affiziert werden; und wenn

---

[1] Die Annehmlichkeit, welche die grüne Farbe einer Wiese gewählt,
würde eine Empfindung im subjectiven Sinne sein, die Wahrnehmung dieser
grünen Farbe ist dagegen eine Empfindung im objectiven Sinne.

[2] Die in dieser Inhaltsangabe vorkommenden Citate sind alle aus dem
in der Ueberschrift bereits angegebenen Abschnitte der »Kritik der Urteilskraft«
genommen.

uns in späteren Jahren auch die Vernunft abhält, geradewegs zu dem Genuss dessen, was »in der Empfindung gefällt«, überzugehen, so ist doch die Beziehung dieser Gegenstände auf unser Begehrungsvermögen jedes Mal wieder fühlbar: es ist, wie Kant sich ausdrückt, ·ein pathologisch-bedingtes« Interesse, welches das Angenehme in uns hervorruft.

Andrer Art ist unser Interesse am Guten. »Gut ist, was vermittelst der Vernunft durch den blossen Begriff gefällt.« Ueber einer Reihe von angenehmen oder unangenehmen Empfindungen pflegt man sich durchaus keine Rechenschaft abzulegen; ich führe mit Kant als Beispiel das Gefühl der Gesundheit an. Des Guten hingegen werden wir nur dann mit Billigung inne, wenn wir einen Gegenstand darauf hin geprüft haben,* ob er mit dem Begriff des Guten in uns übereinstimmt.

Der Begriff des Guten bedarf nun einer näheren Bestimmung. Es giebt, sagt Kant, zwei Arten des Guten: erstens das Gute, welches als Mittel gefällt und zweitens das Gute, welches als Zweck gefällt. Das Gute, welches als Mittel gefällt, ist das Nützliche und das Gute, welches als Zweck gefällt, ist das Ansichgute, das höchste Gut.

Das »Nützliche« wird sich nun im gewöhnlichen Leben, wo es sich um die Ausführung irdischer Zwecke handelt, überall als treibende Kraft erweisen; wo aber die Zwecke das sinnlich-endliche Dasein überschreiten, da kommen wir in das Reich des Ansichguten. Doch auch dieses führt dem Gesetz der (praktischen) Vernunft gemäss einen praktischen Impuls« bei sich. — Wie weit nun demzufolge das Gute von dem Angenehmen entfernt ist, so gleichen sich doch beide darin, dass sie direkt auf den Willen wirken: sie gefallen, um zu Kant zurückzukehren, beide mit Interesse.

Nach Vorbetrachtungen dieser Art geht Kant zu der Frage über: In welchem Verhältnis steht nun das Schöne zu dem Guten und zu dem Angenehmen?

Gegenüber dem praktischen Wohlgefallen am Guten und dem durch Reize bedingten am Angenehmen ist das Wolgefallen am Schönen contemplativ: als ·contemplativ« bezeichnet es Kant, weil es einen theoretischen Charakter trägt, d. h. des direkten Einflusses auf unser Handeln entbehrt und demgemäss »in-

different in Ansehung des Daseins eines Gegenstandes« ist : denn
für mich als h a n d e l n d e s Subject hat die Existenz eines Gegenstandes einen Wert, für mich als b e t r a c h t e n d e s Subject ist
sie gleichgültig.

Will man die ebenbesprochenen drei verschiedenen Arten
des Wohlgefallens in ihrer Wirkung auf das menschliche Gemüt
charakterisieren, so wird man sagen :

Das Angenehme v e r g n ü g t ,

Das Schöne »g e f ä l l t«,

Das Gute wird g e s c h ä t z t.

Will man andrerseits ihre Geltungssphäre bezeichnen, so
kommt man zu folgenden Aufstellungen : Das Angenehme gilt
für alle sinnlichen Wesen (Tiere und Menschen), das »Schöne«
für diejenigen, welche zugleich sinnlich und vernünftig sind (d. h.
nur für die Menschen), das Gute endlich erstreckt sich auf alle
vernünftigen Wesen (d. h. auf die Menschen und auf die reinen
Geister).

Fassen wir zum Schluss das Resultat dieser Untersuchung
Kants über die Qualität des Geschmacksurteils kurz zusammen,
so erhalten wir folgende, allerdings mehr negativ abgrenzende,
wie positiv aufbauende Bestimmungen :

1. D a s  G e s c h m a c k s u r t e i l  i s t  z u r  l o g i s c h e n
B e s t i m m u n g  e i n e s  O b j e c t s  n i c h t  v e r w e r t b a r.

2. D a s  W o h l g e f a l l e n  a m  S c h ö n e n  e n t b e h r t
j e d e r  B e z i e h u n g  a u f  d a s  B e g e h r u n g s v e r m ö g e n,
e s  i s t  i n t e r e s s e l o s.

Hatte uns der vorige Abschnitt eine Erklärung der »Beschaffenheit des Geschmacksurteils gegeben, (die intensive
Geltungssphäre desselben bestimmt), so enthält der jetzt folgende
die »Abgrenzung seines Geltungsgebiets  (seine e x t e n s i v e
Geltungssphäre).

Das Geschmacks-
urteil der Quan-
tität nach. (K.
ed. Hartenst.
Bd. V, S. 215  224;
ed. Rosenkranz u.
Schubert S. 55—66).

Schon daraus  so beginnt Kant seine Ausführung — dass
wir an der Realität des schönen Gegenstandes kein Interesse
nehmen, lässt sich vermuten, dass wir es hier mit einem Wohlgefallen zu haben, welches auf allgemeine Gültigkeit Anspruch
erhebt : eben weil hier die E i n z e l m e i n u n g  z u r ü c k t r i t t,
werden wir für dieses von persönlichem Interesse freies Wohlgefallen allgemeine Gültigkeit fordern dürfen.  Noch vielmehr spricht

hierfür der Sprachgebrauch, der das Schöne streng von dem Angenehmen sondert. Man wird es, sagt Kant, stets für correkt halten, wenn jemand sagt: »Dieses oder jenes ist mir angenehm«, zu sagen: »Es ist für mich schön«, wäre geradezu unbegreiflich im Gegenteil pflegt man einem Gegenstand das Eigenschaftswort »schön« beizulegen, als ob man damit eine dem Gegenstand inne wohnende Eigenschaft bezeichnen wollte, während man doch, wie wir gesehen haben, damit nichts aussagt, was »zu einer Erkenntnis des Gegenstandes dienen könnte.« Das also ist festzuhalten: wir setzen bei unseren Mitmenschen ein mit dem unsrigen übereinstimmendes Urteil über das Schöne voraus, und zwar nicht deshalb, weil uns die Erfahrung lehrt, dass eine derartige Uebereinstimmung schon oft stattgefunden hat, sondern weil wir — mit welchem Recht, bleibt vorläufig dahingestellt — jedem Menschen ein Gemütsvermögen zuschreiben, welches ihn befähigt, das Schöne richtig zu beurteilen. Auf den Unterschied, welcher in dieser Beziehung zwischen dem Schönen und dem Angenehmen besteht, kommt Kant an dieser Stelle nochmals zurück: Die Allgemeingültigkeit des Wohlgefallens am Angenehmen ist eine bedingte (comparative, empirische), während für das Wohlgefallen am Schönen die Forderung einer unbedingten (absoluten, apriorischen) Allgemeingültigkeit besteht. Aber auch die Allgemeingültigkeit des Guten ist eine anders geartete, wie die des Schönen. Dass etwas »gut« ist, lässt sich beweisen und durch seine Zurückführung auf Begriffe begründen, nicht aber dass etwas »schön« sei. Im Gegenteil sind wir in der eigentümlichen Lage, behaupten zu müssen, dass die ästhetischen Urteile, ihrer »logischen Quantität nach« Einzelurteile sind, ihrer »ästhetischen Quantität nach« aber allgemeine Urteile. Wie ist es aber möglich, dass ein Urteil gleichzeitig den Charakter eines Einzelurteils und eines allgemeinen Urteils trägt? Auf diese Frage können wir eine ausreichende Antwort nur dann erhalten, wenn wir das Zustandekommen des Geschmacksurteils einer eingehenden Analyse unterziehen; das thut Kant, indem er die Frage, »ob im Geschmacksurteil das Gefühl der Lust vor der Beurteilung des Gegenstandes oder diese vor jener vorhergehe«, untersucht und sie auf indirektem Wege einer Lösung entgegenführt. Ginge —

so beginnt Kant — bei der Beurteilung eines schönen Gegenstandes die Lust dieser Beurteilung voraus, so würde in diesem
Vorgang ein innerer Widerspruch liegen, insofern die Lust dann
der blossen Sinnenempfindung entspränge und demgemäss weder allgemein noch mitteilbar wäre. Nun ist
aber die ästhetische Lust mitteilbar (und sie beansprucht wenigstens, allgemein zu sein): sie muss also auf die Beurteilung
des schönen Objects folgen und in dieser Beurteilung ihren Grund
haben. Mitteilbar ist aber nur das, was Erkenntnis geworden
ist und, was Erkenntnis geworden ist, muss man weiter schliessen,
lässt sich auch auf bestimmte Begriffe bringen. Hier aber ist
der Punkt, wo wir von dem Schönen im Stich gelassen werden.
Vergeblich wird man sich bemühen, einen bestimmten Begriff
aufzufinden, unter den man nur zu subsumieren brauchte, um
herauszubringen, dass etwas schön sei. Daraus folgt, dass dasjenige, was man über einen Gegenstand mitteilt, wenn man
ihn als schön bezeichnet, nicht ein Begriff von diesem Gegenstande ist, sondern nur der Gemütszustand, der darin seinen
Grund hat, dass bei dem Anschauen eines Objects das
Vermögen der Vorstellung zu dem Vermögen der Begriffe in ein
harmonisches Verhältnis tritt. Dasjenige also, was sich »als ästhetische Lust mitteilt., ist der Zustand eines freien Spieles
der Erkenntniskräfte, welches darin besteht,
dass die Einbildungskraft, welche das Mannig-
faltige (in der Anschauung) zusammensetzt und
der Verstand, welcher die Vorstellung im Begriff
vereinigt, sich in wechselseitiger Zusammenstimmung beleben.

Dieser Übereinstimmung der Erkenntniskräfte werden wir
uns nun durch den blossen innern Sinn und Empfindung·, nicht
intellectuell (durch begrifliches Erkennen) bewusst: mit dem Eintreten dieses Bewusstseins beginnt die aesthetische Lust.

Ziehen wir zum Schluss auf dieser Untersuchung über das
Schöne der Qualität nach« das Facit, so ergiebt sich: schön
ist, was ohne (bestimmten) Begriff allgemein gefällt.

In welcher Beziehung das Geschmacksurteil zu dem Begriff
der Causalität stehe, — ob es ein Urteil über ein reales oder
bloss (für unser subjectives Bedürfnis) angenommenes Causalver-

Das Geschmacks-
urteil der Rela-
tion nach. (K. d.
U. ed. Hart. Bd. V
S. 224—242; ed.
Rosenkr. u. Schubert
Bd. IV S. 66—87).

hältnis sei — hatte Kant bereits in der Einleitung zu der Kritik
der Urteilskraft hervorgehoben (vgl. Kritik d. U. ed. Hartenstein
Bd. V, S. 195 flg; ed. Rosenkranz u. Schubert Bd. IV S. 20
eine nochmalige Untersuchung dieses Zusammenhanges zwischen
dem »Geschmacksurteil« und der Causalität macht den Haupt-
inhalt des jetzt zu besprechenden Abschnittes aus.

Und zwar geht Kant hierbei von einer Erklärung des Begriffes »Zweck« aus.

Der »Zweck« beruht (als Folge) auf einem Begriff, welcher
als der reale Grund seiner Möglichkeit anzusehen ist.
Ist ein Object so beschaffen, dass es einen Zweck verwirklicht,
so muss es als zweckmässig bezeichnet werden. Jeder Zweck
aber ist mit Interesse verbunden, der subjective Zweck sowohl,
welcher einen Gegenstand als dienlich für meinen Privatgebrauch
erscheinen lässt, wie der objective Zweck, durch welchen ein
Gegenstand als einem allgemeingültigen Begriff entsprechend bezeichnet wird. Dem Schönen also, welches nicht mit
Interesse verbunden ist, kann ein Zweck nicht zu
Grunde liegen.

Gleichwohl können wir das freie Spiel der Gemutskräfte
beim Anschauen des Schönen als zweckmässig bezeichnen,
denn zweckmässig heisst ein Object oder Gemütszustand oder
eine Handlung auch, wenngleich ihre Möglichkeit die Vor-
»stellung eines Zweckes nicht notwendig voraussetzt bloss darum,
»weil ihre Möglichkeit von uns nur erklärt und
»begriffen werden kann, sofern wir eine Causalität ..... nach Zwecken ..... annehmen.«

Wir müssen also, und zwar a priori, unsern Gemütszustand
beim Anschauen des Schönen so beurteilen, als ob die Vorstellung eines Objectes für uns die Ursache der Lust
und Unlust wäre. Und doch existiert in der That ein derartiger Causalzusammenhang zwischen den von uns als »schön«
vorgestellten Objecten und unserem Gemütszustand nicht. Das
geht daraus hervor, dass die aesthetischen Urteile auf Allgemein-
gultigkeit a priori Anspruch machen, ein Causalverhältnis aber
nur an den Gegenständen der Erscheinungswelt, also nur »jeder-

»zeit a posteriori und vermittelst der Erfahrung selbst erkannt werden kann.«

Die aesthetische Lust beruht vielmehr auf dem Innewerden eines zweckmässigen Zustandes der Gemütskräfte, welcher eine wechselseitige Belebung der Einbildungskraft und Verstand zufolge hat bei der (nicht durch die) Vorstellung eines Objectes. Die einzige ∙ Causalität , welche das Geschmacksurteil in sich trägt, ist die, den Zustand der Vorstellung selbst und die ›Beschäftigung der Erkenntniskräfte zu erhalten. Kant scheint damit auf die Wechselwirkung zwischen Verstand und Einbildungskraft hinzudeuten, welche darin besteht, dass die aesthetische Betrachtung sich selbst stärkt und reproduziert.« Da eine derartige Gemütsthätigkeit unmittelbar das Gefühl der Lust im Gefolge hat, verweilen wir gern bei ihr.

Jetzt folgen bei Kant Abgrenzungen des Geschmacksurteils nach zwei Seiten hin: das Urteil über das Schöne ist zu trennen 1. von dem Urteil über das die Sinne Reizende (resp. Rührende) und 2. von dem Urteil über die Vollkommenheit eines Gegenstandes. Im Anschluss hieran wird dann der Unterschied der ∙ freien ∙ Schönheit von der ∙ durch Begriffe fixierten ∙ erörtert und endlich mit einer Auseinandersetzung der Bedeutung des ›Ideals∙ der Abschnitt über die Relation der Geschmacksurteile beschlossen.

∙Alles Interesse verdirbt den Geschmack«: darin liegt der Grund dafür, dass der Reiz und die Rührung das aesthetische Empfinden beeinträchtigen. ∙Reize∙ sind stets Beimischungen zu dem Schönen, welche als Kennzeichen eines barbarischen Geschmackes betrachtet werden müssen. Nur insofern sie den Eindruck der Form eines Kunstwerkes nicht geradezu stören, müssen sie mit Nachsicht hingenommen werden. Wenn nun ein einzelner reiner Ton, eine einzelne reine Farbe eine ∙aesthetische∙[1]) Lust im Gefolge haben, so hat man den Grund hierfür wohl darin zu suchen, dass einem einzelnen reinen Ton gewisse in Zahlen ausdrückbare Verhältnisse seiner Schwingungen entsprechen, ebenso wie der reinen Farbe gleichmässig auf einander folgende Schläge des Aethers zu Grunde liegen: also

---

[1]) Nicht eine bloss sinnliche.

würde hier auch bereits die formale Bestimmung der Einheit eines Mannigfaltigen vorliegen.

Die Rührung« steht mit dem Schönen überhaupt nicht in direkter Verbindung, sie hat vielmehr eine enge Beziehung zu dem Erhabenen, zu dem sie sich verhält, wie der Reiz zu dem Schönen.

Wie nun auf der einen Seite das Schöne, gegen das Reizende«, welches in der Empfindung gefällt, abgegrenzt werden muss, so ist es auf der anderen Seite von dem »Vollkommenen, welches vermittelst eines Begriffes gefällt, zu trennen.

Die »Vollkommenheit« steht mit dem Begriffe der Zweckmässigkeit« in engem Zusammenhang; die Zweckmässigkeit ist nämlich entweder eine äussere, dann ist sie mit der Nützlichkeit identisch, die, wie wir schon sahen, mit dem Begriff des Schönen durchaus in keinem Zusammenhang steht, oder sie ist eine innere; dann setzt sie einen dem Gegenstand innewohnenden Zweck voraus.

Entspricht der Gegenstand diesem Zweck durch die Vollzähligkeit seiner einzelnen Teile, so haben wir es mit der quantitativen Vollkommenheit zu thun; entspricht er diesem Zweck durch die Zusammenstimmung des Einzelnen zu diesem Zweck, so haben wir es mit der qualitativen Vollkommenheit zu thun.

Nun haben namhafte Philosophen[1]) die Schönheit eines Gegenstandes mit der qualitativen Vollkommenheit desselben, wenn sie verworren gedacht wird, identificiert. Mit Unrecht! Die qualitative Vollkommenheit wird in der Weise beurteilt, dass man einen Gegenstand daraufhin prüft, ob er mit seinem Zwecke, d. h. mit dem Begriffe, der ihm als Ursache zu Grunde liegt, durch die Zusammenstimmung seiner Teile übereinstimmt. Das Schöne aber wird, wie wir sahen, überhaupt nicht nach bestimmten Begriffen beurteilt, sondern lediglich so, dass man das Vermögen der Begriffe auf das Vermögen der Anschauung bezieht. Stellte man daher die Forderung, das Schöne nach bestimmten Begriffen zu beurteilen, so würde man einen Verstand beanspruchen,

---

[1]) Besonders der Wolffianer Baumgarten.

der sinnlich urteilt und einen Sinn, der durch Begriffe sein Object vorstellt.‹ Wenn nun doch die Schönheit häufig mit Objecten verbunden erscheint, die unter Voraussetzung eines bestimmten Begriffes gefallen: so ist die so fixierte Schönheit keine reine Schönheit mehr; sie ist vielmehr eine bedingte, anhängende Schönheit, welche von der bedingungslosen, reinen Schönheit unterschieden werden muss. So steht der reinen Schönheit ›einer Blume‹, ›einer Laubwerkverzierung‹ die anhängende Schönheit eines Gedichtes, eines Gebäudes gegenüber. ›Das Urteil, welches ich über die anhängende Schönheit fälle, ist eigentlich kein reines Geschmacksurteil; auch ›gewinnt dabei weder die Vollkommenheit durch die Schönheit noch die Schönheit durch die Vollkommenheit,‹ gleichwohl aber das gesammte Vermögen der Vorstellungskraft.‹ Wenn sich nun das Geschmacksurteil — abgesehen von seiner Verbindung mit der Vollkommenheit — auf bestimmte Begriffe nicht gründen lässt, so kann es auch keine objectiven Geschmacksregeln geben. An Stelle von bestimmten Regeln muss vielmehr das Beispiel‹ treten: es giebt demgemäss exemplarische Kunstwerke, welche als Muster für Künstler und Kunstrichter zu dienen pflegen. Jedoch können diese auch nicht in der Weise benutzt werden, dass der Künstler sich mit einer genauen Wiedergabe derselben begnügt: vielmehr wird man von ihm eine weit grössere Selbstthätigkeit verlangen. ›Das höchste Muster aber ist eine Idee, die jeder in sich selbst hervorbringen muss.‹ Die Bezeichnung Idee‹ für dieses Muster- und Urbild lässt Kant jedoch als nicht ganz zutreffend wieder fallen und setzt an dessen Stelle den Ausdruck Ideal‹. Das Ideal unterscheidet sich dadurch von der Idee, dass die ›Idee‹ einen Vernunftsbegriff ausdrückt, das ›Ideal‹ aber ein einzelnes einer Idee adäquates Wesen bezeichnet. Welche Gattung des Schönen eines Ideals ›fähig‹ ist und wie wir zu einem Ideal gelangen, setzt uns Kant im Folgenden auseinander.

Nur die durch Begriffe fixierte Schönheit ist eines Ideals fähig‹, und unter den einzelnen Gattungen der durch Begriffe bestimmten und von objectiver Zweckmässigkeit begleiteten Schönheit ist es wiederum nur »dasjenige (Schöne), was den Zweck

»seiner Existenz in sich selbst hat« — der
Mensch, welcher geeignet ist, ein »Ideal« darzustellen.

Wie aber kommt das Ideal zu Stande? Es gehören zur
Bildung desselben zwei Factoren, die Kant als die Normalidee und die Vernunftidee bezeichnet. Die Normalidee
ist eine Einzeldarstellung der Einbildungskraft, welche dadurch
entsteht, dass dieselbe eine Reihe von Bildern verschiedener
Exemplare einer Gattung aufeinander fallen lässt und so ein neues
Bild construiert, an welchem alle Einzelexemplare teil haben:
das so entstandene Normalbild ist das Muster für die Richtigkeit (nicht für die Schönheit) der Darstellung eines
Gegenstandes ; es dient bei seiner Beurteilung als »Norm , an
welcher die einzelnen Exemplare einer Gattung gemessen werden.

Die Vernunftidee ist ein unbestimmter Begriff, dem nie eine
Anschauung adäquat sein kann ; in unserem Falle, wo es sich
um den Menschen handelt, ist es die Idee, »welche den Zweck
»der Menschheit darstellt,« die Idee von der übersinnlichen Bestimmung des Menschen.

Zu dem Ideal (des Menschen) gehört also, dass es auf
der einen Seite die Normalidee des Menschen als eines zur Tier-
species gehörigen Wesens enthalte, dann aber auch, dass es den
Ausdruck des Sittlichen, ohne welchen der Gegenstand nicht
allgemein und nicht positiv gefallen würde«, darstelle.

Um ein derartiges Ideal in sich hervorzubringen, dazu gehören »reine Ideen der Vernunft und eine grosse Macht der
»Einbildungskraft.«

Mit dieser Ausführung schliesst die Untersuchung des Geschmacksurteils der Relation nach, deren Ergebnis Kant in folgendem Satz zusammenfasst :

»Schönheit ist die Form der Zweckmässig-
»keit, sofern sie ohne Vorstellung eines Zwecks
an ihm wahrgenommen wird.

Das Geschmacks-
urteil der Moda-
lität nach. (ed.
Hartenst. Bd. V S.
142—246; ed. Ro-
senkr. u. Sch. Bd. IV
S. 87—92).

Wie verhält sich das mit Lust (resp. Unlust) verbundene
Urteil zu den Gegenständen nach der Kategorie der Modalität?

Es ist möglich, dass »jede beliebige Vorstellung« mit
Lust verbunden sei :

Es ist wirklich der Fall, dass das »Angenehme« Lust
bewirkt ;

Es wird als n o t w e n d i g vorgestellt, dass das Schöne in der Beurteilung gefalle.

Die Notwendigkeit jedoch, welche das Geschmacksurteil bei sich führt, ist eine bedingte; sie ist von der zwingenden l o g i s c h e n Notwendigkeit auf der einen Seite und von der m o r a l i s c h e n des Sittengesetzes auf der anderen Seite zu unterscheiden: Für das Schöne »wirbt« man »um jedes anderen Bestimmung, weil man dazu einen Grund hat, der allen gemein ist.«

Dieser allen gemeinsame Grund für die Gleichförmigkeit in Beurteilung des Schönen hat seine Wurzel in der »Idee eines Gemeinsinnes.«

Wenn wir, wie alle nicht skeptischen Systeme, annehmen, dass Erkenntnis sich mitteilen lasse, so müssen wir auch voraussetzen, dass der Z u s t a n d der Erkenntniskräfte bei einer Vorstellung und das damit verbundene Gefühl mitteilbar sei; die allgemeine Mitteilbarkeit des aesthetischen Gefühls lässt uns aber einen Gemeinsinn v e r m u t e n, welcher durch die Forderung, dass ein jeder in Sachen des Geschmackes gleich uns urteilen sollte, als w i r k l i c h vorausgesetzt wird.

Ob aber ein solcher Gemeinsinn in der That vorhanden ist oder ob er einem höheren Princip der Vernunft gemäss erst in uns h e r v o r g e b r a c h t w e r d e n s o l l: ob demnach der »Geschmack« schon existiert, oder ob derselbe nur die Idee von einem noch zu erwerbenden Vermögen sei, eine Vernunftforderung, durch welche »die Möglichkeit hierin (im Urteil über das Schöne) einträchtig zu werden,« ausgesprochen sei: das lässt Kant hier noch ununtersucht.

Die Folgerung aus der Untersuchung über das Geschmacksurteil der Modalität nach lässt sich in folgendem Satz zusammenfassen: S c h ö n ist, w a s o h n e B e g r f f als G e g e n s t a n d »e i n e s n o t w e n d i g e n W o h l g e f a l l e n s e r k a n n t w i r d.«

—

### β. B e s p r e c h u n g.

Wir haben uns bemüht in unserem Referat über die Analytik des Schönen einen strengobjectiven Charakter festzuhalten

und es absichtlich vermieden, irgendwie Kritik an dem Gedankengang Kants zu üben. Nachdem wir nun aber eine Menge Stoff
für unsere Beurteilung aufgehäuft haben, liegt es uns ob, die
Aufstellungen Kants auf ihre Haltbarkeit hin zu prüfen. Wir
werden dabei schrittweise so vorgehen, dass wir der Kantischen
Disposition mit ihrer Gliederung nach den Kategorien genau
folgen.

In dem Abschnitt, welcher das Geschmacksurteil der Qualität
nach untersucht, stellt Kant die Fundamentalsätze auf, welche ihn
von seinen Vorgängern auf dem Gebiete der Aesthetik trennen,
und welche bis zu dem heutigen Tage ihre unangefochtene und
unanfechtbare Gültigkeit bewahrt haben. Wenn Kant als erster
den specifischen Unterschied des Geschmacksurteils von dem
Erkenntnisurteil scharf hervorgehoben hat, so hat er damit den
Grundstein zu dem Gebäude einer Aesthetik auf neuer Grundlage
gelegt. Die Entdeckung dieses Unterschiedes hängt mit der Auf-
findung der reflectierenden Urteilskraft zusammen; denn das
aesthetische Urteil steht zu dem logischen in dem gleichen Verhältnis, wie die reflectierende Urteilskraft zu der subsumierenden.[1]

Ebenso treffen die Abgrenzungen, welche Kant dem Schönen
gegenüber dem Angenehmen und dem Guten giebt durchaus den
Kern der Sache, wenn auch, wie wir später sehen werden, die
Trennung, welche Kant zwischen dem Angenehmen und dem
Schönen macht, eine zu scharfe ist. Auf die polemischen Neben-
absichten, welche schon in diesen Definitionen liegen, kommen
wir später, wenn wir das Geschmacksurteil der Relation nach
besprechen, zurück.

Als ein besonderes Verdienst Kants ist es zu bezeichnen,
dass er den Charakter des Wohlgefallens am Schönen als eines
»interesselosen« hervorhebt. Dass wir im Anschauen des Schönen
frei von der Beziehung auf das Begehrungsvermögen werden,
dass wir, von dem Zauber der Schönheit gefangen, die Not und

---

[1] Einen wie hohen Wert Kant auf die Trennung des ästhetischen Urteils
von dem logischen legte, zeigt die folgende Definition : »ein ästhetisches Urteil
»kann also für dasjenige Urteil erklärt werden, dessen Prädicat niemals Er-
»kenntnis sein kann.« (Vgl. über Philosophie überhaupt ed. Hart. Bd. VI
S. 388; ed. Rosenkranz u. Schubert Bd. I S. 593).

Angst des Lebens vergessen: das ist eine Eigentümlichkeit der aesthetischen Lust, welche sie vor jeder anderen Lust auszeichnet.[1]) Daher ist es auch richtig, von dieser Besonderheit des Wohlgefallens am Schönen auszugehen, wenn wir die Allgemeinheit des aesthetischen Lustgefühls erklären wollen, was Kant in dem nächsten Abschnitt, der das Schöne der Quantität nach behandelt, thut. Gleichwohl werden wir die Allgemeinheit des aesthetischen Wohlgefallens erst dann vollständig erklären können, wenn wir den inneren Vorgang bei dem Zustandekommen des aesthetischen Urteils klargelegt haben. Die Erklärung nun, welche Kant für die aesthetische Lust giebt — dass diese in einem Zusammenstimmen von Einbildungskraft und Verstand bestehe — trifft zu, soweit das aesthetische Wohlgefallen auf der äusseren Form eines Gegenstandes beruht.

Wollten wir an dieser Stelle schon die tiefere Begründung andeuten, welche für die aesthetische Lust gegeben werden muss: so würden wir uns gezwungen sehen, etwas vorauszunehmen, was wir im Anschluss an Kant erst an einer späteren Stelle bieten dürfen. Wir gehen deshalb zu einer Besprechung des nächsten Abschnittes der Kritik der Urteilskraft über, welcher zunächst den Zusammenhang der aesthetischen Lust mit dem »schönen« Object erörtert.

Kant will nun die Verbindung zwischen der Vorstellung, durch welche ein Object gegeben ist, und dem Gefühl der Lust durchaus nicht als ein Causalverhältnis aufgefasst wissen: er spricht vorsichtiger Weise stets von dem Gemutszustand bei (nicht durch) einer Vorstellung. Dass Kants Stellung zu dieser Frage, »ob das Wohlgefallen am Schönen nur im Subjecte, oder ob es auch im Objecte seinen Grund habe,« keine sichere ist, wurde schon ausführlich besprochen. Wir werden jedoch nicht umhin können, uns in dieser Beziehung eine feste Überzeugung zu bilden. Nun glauben wir, dass sich die Allgemeinheit in der Beurteilung des Schönen nicht völlig erklären lässt, ohne dass

*3. Das Geschmacks-urteil der Relation nach.*

---

[1]) So wird auch der Künstler von dem, was ihn im Leben beängstigt und zu erdrücken scheint, frei, indem er ihm Gewalt verleiht. Vgl. Göthe an die Gräfin Auguste von Stollberg, Brief IV »o, wenn ich jetzt nicht Dramas »schriebe, ging ich zu Grunde.«

man demselben eine objective Begründung giebt,
wie sie Kant an einigen Stellen zu geben versucht hat. Wenn
Kant andeutet,[1]) dass ein »tiefverborgener, allen Menschen ge-
meinschaftlicher Grund für die Allgemeinheit des aesthetischen
Wohlgefallens in den Formen, unter denen Gegenstände gegeben
werden, enthalten sein müsse, so ist damit der Grund für die
Einstimmigkeit in unserem aesthetischem Urteil[2]) an dem richtigen
Orte gesucht. Freilich bleibt diese wunderbare Eigenschaft gewisser Formen, unsere Erkenntniskräfte in eine harmonische
Thätigkeit zu versetzen, ein nicht völlig zu ergründendes Ge-
heimnis, welches schon dunkel das Füreinandersein« von Natur
und Geist andeutet. Worin dabei die Thätigkeit der so angeregten Gemütskräfte besteht, können wir auf analytischem Wege
wohl zu bestimmen suchen; wie es aber möglich ist, dass eine
derartige Anregung, von gewissen Formen ausgehend, u b e r -
h a u p t s t a t t f i n d e t , das werden wir nie völlig erklären
können.

Nun ist[3]) es die Einbildungskraft«, welche das Mannig-
faltige zusammensetzt und so das Bild der Anschauung liefert,
das durch die vergleichende und messende Thätigkeit des »Verstandes im Einzelnen vielfach umgestaltet wird; hierbei jedoch
ist die Function des Verstandes eine unbewusste[4]): die Zartheit
mannigfacher Zurückbeziehungen, die eine Fülle nicht zum Bewusstsein kommenden Vergleichens enthalten, entzieht sich der
Beobachtung des Geistes zum grössten Teile.

Doch verlassen wir jetzt diese Untersuchung und wenden
uns zu der Frage, ob Kant mit Recht den Reiz und die
Vollkommenheit von dem Schönen trennt.

Einen R e i z übt dasjenige aus, was in der Empfindung
gefällt, d. h. das Angenehme , welches dadurch, dass es mit

---

[1]) Ueber A n d e u t u n g e n gehen alle Stellen, welche wir im I. Teil als
Beleg dafür, dass sich bei Kant eine objective Begründung des Schönen finde,
angeführt haben, n i c h t hinaus.

[2]) »Soweit es die blosse Form der Gegenstände betrifft.«

[3]) Die Thätigkeit der durch gewisse Formen angeregten Gemütskräfte
soll hier mit wenig Worten charakterisirt werden.

[4] Ob man von einer unbewussten Thätigkeit des V e r s t a n d e s
sprechen kann, lassen wir dahingestellt.

Interesse gefällt, schon ausserhalb des Kreises der aesthetischen Empfindungen liegen würde. Das wurde bereits erörtert und muss im ganzen als richtig festgehalten werden. Gleichwohl werden wir bei einer genauen Prüfung unseres Empfindungslebens nicht umhin können, Kants hierauf bezügliche Ausführungen zu modifizieren.

Die Werkzeuge der höheren Sinnlichkeit nämlich, Auge und Ohr, führen schon in Folge des sinnlichen Reizes zu einer Steigerung des Lebensgefühles, welche nicht in directer Beziehung zu dem Begehrungsvermögen steht und demnach als interesselos« bezeichnet werden könnte; hierher gehören besonders Licht- und Klangeffecte.

Freilich ist es die niedrigste Stufe und gleichsam der Anfang des aesthetischen Empfindens, welche durch den Reiz repräsentirt wird; ein Verweilen bei dieser Art aesthetischen Genusses ist dem Kinde und den in der Kindheit stehenden Völkern eigen; so findet das Kind schon eine Art aesthetischer Befriedigung in dem langen Ansehen des im Kamin lodernden Feuers, so betrachtet mit einer Art aesthetischen Entzückens der Neger die bunten Glasknöpfe, welche Europa ihm zusendet.

Wir werden deshalb auch Kants Ansicht, dass in der Kunst der Reiz nur da, wo es nicht ganz vermieden werden könne, mit Nachsicht hinzunehmen sei, als zu rigoristisch bezeichnen. Denn der Reiz ist, sparsam angewendet, im Kunstwerk ein n o t w e n d i g e s B e f ö r d e r u n g s m i t t e l für die aesthetische Betrachtung. Er soll dem Spiel der Erkenntniskräfte als erster Anstoss dienen; nur darf er natürlich nicht in unbescheidener Weise hervortreten: denn ein Kunstwerk, welches die Sinne reizt, die höheren Erkenntniskräfte aber nicht beschäftigt, ermüdet[1]) den Beurteiler, ohne ihn befriedigt zu haben.

Wenn Kant übrigens dem Reiz jede aesthetische Wirkung

---

[1] Die Dauer des Wohlgefallens, welches die Menschheit an einem Kunstwerk nimmt, kann als Kriterium dafür dienen, ob der Reiz in der richtigen Beschränkung zur Verwertung in demselben gekommen ist. Kunstwerke, welche wie Homers Gedichte, Jahrhunderte überdauert haben und sich einer fortgesetzten Bewunderung erfreuen, legen dadurch ein Zeugnis ab, dass sie von der Vergänglichkeit des sinnlichen Reizes wenig an sich tragen.

abspricht, so geschieht dies in Folge seiner polemischen Stellung
gegen die englischen Empiristen, welche das sinnliche und das
aesthetische Wohlgefallen vollständig identificieren.

Mit der Trennung des Begriffes der Vollkommenheit von
dem Begriffe der Schönheit werden wir uns dagegen völlig einverstanden erklären: wer die Schönheit mit der Vollkommenheit
für einerlei erklärt, verlangt in der That einen Verstand, der
s i n n l i c h urteilt.

Auch bei dieser Auseinandersetzung verfolgt Kant eine
polemische Nebenabsicht: der Wolffiianer Baumgarten hatte nämlich Schönheit als Vollkommenheit, wenn sie verworren gedacht
wird, definiert; seine Ansicht ist durch die Kantische Ausführung
widerlegt.

Dagegen werden wir Kant in seiner Auseinandersetzung
über die freie Schönheit in ihrem Verhältnis zu der durch
Begriffe fixierten Schönheit durchaus nicht beistimmen können.
Eine rein aesthetische Wirkung glaubt Kant nur der »freien«
Schönheit zusprechen zu dürfen, während er bei der fixierten
Schönheit eine Wirkung auf die Gemütskräfte voraussetzt, die
halb in einer intellectuellen Lust und halb in einer aesthetischen
Lust besteht. Mit Unrecht! Denn auch die durch Begriffe
fixierte Schönheit pflegt rein aesthetische Lust in ihrem Gefolge
zu haben, insofern sie als Ganzes genommen und nicht auf ihren
begrifflichen Inhalt hin zergliedert wird. Auf der andern Seite
aber könnte man das Wohlgefallen an der freien Schönheit mit
dem gleichen Recht, wie das an der fixierten als i n t e l l e c t u e l l
bezeichnen; denn das anschauende Subject pflegt auch die freie
Schönheit mit Begriffen zu verbinden — durch Symbolisirung.
Es ist ein Umstand, der Kant völlig entgangen zu sein scheint,
dass schon bei der blossen Auffassung der Form ein symbolisches
Verstehen obwaltet: die einzelnen Formen haben dadurch G e -
f u h l s w e r t e erhalten, dass sie mit früheren lust- oder schmerz-
vollen Wahrnehmungen in Beziehung treten und feste Bedeutung
gewinnen. In einem derartigen (unbewussten) Symbolisieren besteht zum grössten Teile die messende Thätigkeit des Verstandes,
von der wir im Vorhergehenden sprachen.

Wie aber für uns die Scheidewand, welche Kant zwischen
der freien und der anhängenden Schönheit aufgerichtet hat, fällt,

so haben wir auch keinen Grund seine Unterscheidung von
»Normalidee« und »Ideal« festzuhalten.

Dass die Normalidee«, d. h. das Musterbild der Einbildungskraft, und die Vernunftidee, d. h. der Begriff von einer in
der Anschauung nie erreichbaren Schönheit, stets zusammenfallen
müssen, damit aus beiden eine innere Anschauung geformt werden
kann, der wiederum kein (Verstandes-) Begriff völlig entspricht:
das ist die Voraussetzung des künstlerischen Produzierens und
Verstehens überhaupt.

Es ist daher durchaus verkehrt, wenn man meint, dass nur
der Mensch Gegenstand eines Ideales sein könne; er ist als
höchstes Vernunftwesen allerdings des höchsten Ideales fähig;
damit ist aber noch nicht gesagt, dass die Kunstwerke, welche
den Menschen nicht zum Gegenstande haben, zu ihrer Hervor-
bringung (und Beurteilung) nur einer Normalidee bedürfen,
d. h. eines Musterbildes der Einbildungskraft, welches nur die
Norm für ihre Richtigkeit[1] enthält. Wenn wir das annehmen
wollten, so würde nach Kants eigenen Worten kein Object ausser
dem »Menschen in der Darstellung der Kunst »weder allgemein
noch positiv gefallen (!), eine Folgerung, welche das Unhaltbare
der Kantischen Aufstellung auf das deutlichste beweist.

Noch einige kurze Bemerkungen haben wir über den Abschnitt der Kritik der Urteilskraft«, welcher das Geschmacksurteil der Modalität nach behandelt, zu machen.

Dass die Notwendigkeit und die Allgemeinheit nur zwei
Seiten der einen Eigenschaft des Geschmacksurteils, dass es
auf Gründen apriori beruht, sei, wurde bei der Besprechung der
Kantischen Disposition bereits hervorgehoben. Eben diese Eigenschaft des Geschmacksurteils hat nun an dieser Stelle eine glückliche Formulierung erfahren: dass wir Einhelligkeit in der Beurteilung des Schönen besitzen, stellt sich als ein Gemeinsinn
dar; an Stelle des Sinnes, welcher nach Privatbedingungen des
Einzellebens empfindet, tritt der Sinn, welcher gleichsam mit den
Organen der ganzen Menschheit fühlt, der sein Selbst zu dem

4. Das Geschmacks-
urteil der Modalität
nach.

---

[1] Ob ein derartiges Musterbild, welches frei von allen Gefühlswerten
sein würde, überhaupt möglich ist, müssen wir bezweifeln.

Selbst der Menschheit erweitert,« der seine Urteile an die Urteile der gesammten Menschenvernunft hält[1].

Dass dieser »Gemeinsinn« die positive Seite des interesselosen Wohlgefallens sei, wird jetzt wohl ohne Weiteres eingesehen werden. Die befreiende Wirkung, welche man der Kunst zuzusprechen pflegt, liegt in der Idee eines Gemeinsinns insofern begründet, als bei dieser »erweiterten Denkart« der Kummer und die Sorge, welche das Individuum belasten, zurücktritt.

Wenn Kant nun sagt, dass ein derartiger Gemeinsinn als Realität vielleicht gar nicht existieren, sondern nur als Vernunftforderung, so deutet er hier schon auf die im Folgenden gegebene tiefere Begründung des Schönen hin.

Hiermit haben wir nunmehr eine Beurteilung der Analytik des Schönen gegeben: die Einwürfe gegen Kant, welche wir in der Einleitung unserer Abhandlung hervorhoben, fanden wir zum Teil schon hier bestätigt, indem sich ergab, dass Kant in der Unterscheidung der freien von der fixierten Schönheit den Kern der Sache nicht trifft, und dass er dem sinnlichen Charakter des Schönen nicht gerecht wird. Eine kurze Übersicht über die Deduction der ästhetischen Urteile wird nun zeigen, dass wir durch die Deduction wesentlich neue Momente für die Erkenntnis der ästhetischen Urteile nicht gewinnen.

## 2. Die Deduction der reinen Geschmacksurteile.

### (Kritik d. Urtk. § 30 § 40.)

Einer Rechtfertigung bedürfen nach Kant folgende zwei Eigentümlichkeiten des Geschmacksurteils.

Erstens die Allgemeingültigkeit desselben apriori, welche jedoch nicht die objective eines logisch-allgemeinen Urteils ist, sondern die subjective eines logischen Einzelurteils.

Zweitens die Notwendigkeit desselben, welche von keinen Beweisgründen a priori abhängig« ist.

Da es nun keine Beweisgründe für die Notwendigkeit des ästhetischen Urteils giebt, so ist auch ein objectives Princip des

---

[1] Vgl. Kritik d. U. ed. Hartenstein Bd. V S. 303; ed. Rosenkranz u. Schubert Bd. IV S. 159.

Geschmacks nicht möglich, d. h. es giebt keine objectiven Grundsätze des Geschmackes, unter welche man nur zu subsumieren braucht, um herauszubekommen, dass etwas schön sei.

Wenn bestimmende Kunstregeln gleichwohl von Kunstrichtern aufgestellt werden, so sind diese aus der Erfahrung abstrahiert und haben bloss empirische Gültigkeit. Immerhin enthält die Urteilskraft auch ein »Princip der Subsumption in sich, nämlich dass der Subsumption des Vermögens der Anschauung unter das Vermögen der Begriffe, der Einbildungskraft unter den Verstand. In dem Innewerden der Beziehung, in welcher diese beiden Gemütskräfte zu einander stehen, besteht die ästhetische Lust.

Wenn nun die Notwendigkeit und Allgemeinheit der ästhetischen Urteile gerechtfertigt werden soll, wenn mit anderen Worten die Frage: Wie sind Geschmacksurteile a priori möglich? zu einer definitiven Lösung geführt werden soll, so wird die Beantwortung dieser Frage leichter gelingen, wenn wir dieselbe mit ähnlichen Fragen im Reiche der Kritik unserer Erkenntniskräfte vergleichen. Nun gehört sie zu der Hauptfrage der Kritik der reinen Vernunft: ·Wie sind synthetische Urteile a priori möglich? , denn auch die Geschmacksurteile sind synthetisch, d. h. erweiternd und nicht erläuternd, und auch sie machen auf die Allgemeingültigkeit a priori Anspruch.

In Bezug auf den Geschmack sind nun deshalb synthetische Urteile a priori möglich, weil die Geschmacksurteile ihren Grund in einer Harmonie der oberen Erkenntnisvermögen, der Einbildungskraft und des Verstandes, haben; da diese nun überhaupt die nothwendigen Bedingungen aller Erkenntnis sind, so muss man ihre Übereinstimmung mit derselben Notwendigkeit annehmen können. Das führt uns zu der Annahme eines sensus communis, einer erweiterten Denkart, welche unter der Voraussetzung einer allgemeinen Zustimmung Urteile äussert.

Diese kurze Inhaltsangabe wird gezeigt haben, dass die Deduction der ästhetischen Urteile im Wesentlichen mit dem Inhalt derjenigen Abschnitte der Kritik der Urteilskraft«, welche das Geschmacksurteil der Quantität, der Relation und der Modalität nach untersuchen, übereinstimmt. Als neu erscheinen nur zwei Bestimmungen des Geschmacksurteils, die einen bloss

formalen Wert haben. Das Verhältnis, in welches die Einbildungskraft zu dem Verstand tritt, wird als Subsumption be-
zeichnend, ohne dass durch die so construierte Analogie zwischen
ästhetischem und logischem Urteile, die Beziehung, welche diese
beiden Erkenntnisvermögen zu einander erhalten, irgendwie an
Klarheit gewinnt. Wenn ferner das ästhetische Urteil als eine Unterart der
synthetischen Urteile a priori aufgefasst wird, so liegt der Wert
dieser Bestimmung nur darin, dass sie eine Brücke zwischen der
Kritik der reinen Vernunft und der Kritik der Urteilskraft
bildet. Materialen Wert für die Erkenntnis des Geschmacksurteils hat auch sie nicht.

Wir sind mit der Behandlung der Deduction der Geschmacksurteile zum Abschluss unserer Besprechung desjenigen Teiles der
Kritik der ästhetischen Urteilskraft gekommen, der, wie wir sagten,
das Schöne in seiner Beziehung zur Sinnlichkeit und zur äusseren
Form behandelt; wir wollen daher jetzt in einem kurzen Rück-
blick die positiven Ergebnisse, welche die Kritik der
ästhetischen Urteilskraft bis zu diesem Punkte bietet, folgendermassen kurz zusammenfassen.

Die ästhetische Lust ist frei von jeder Beziehung auf das
Begehrungsvermögen, sie besteht in dem Innewerden eines
harmonischen Zusammenstimmens der Einbildungskraft mit
dem Verstande bei der Beurteilung der Form eines Objectes,
sie ist mitteilbar und findet statt unter der Voraussetzung
eines allen Menschen gemeinsamen Geschmacksvermögens,
eines sensus communis.

Wie wichtig diese Bestimmungen nun auch sind, so kann
uns doch nicht entgehen, dass sie zur Analyse des Geschmacksurteils nur insofern beitragen, als dieses die äussere Form
der Objecte betrifft; insofern dasselbe jedoch die Innenseite der
Gegenstände, den Gehalt des Schönen, erfasst, entbehrt es vorläufig noch jeder näheren Bestimmung, obwohl schon Andeutungen[1])

---

[1]) Derartige »Andeutungen« sind die Ausführungen Kant's über das
Ideal und die Idee (§ 17 d. Kritik d. Urtk. ed. Hartenst. Bd. II S. 237 flg.;

vorliegen, die uns eine tiefere Begründung der ästhetischen Lust
erwarten lassen. Eine Behandlung des (nach unserer Einteilung)
II. Abschnittes der Kritik der ästhetischen Urteilskraft wird uns
zeigen, dass wir uns in dieser Erwartung nicht getäuscht haben.

## II. Abschnitt.

### Das Schöne in seinem Verhältnis zur Idee.

1. Über die Kunst und das Genie.

(Kritik d. Urt. § 41—§ 54 ed Hartenstein S. 305—347; ed
Rosenkranz und Schubert Bd. IV S. 162—211.)

*a.* Inhaltsangabe.

Dass mit dem Wohlgefallen am Schönen ein d i r e c t e s
Interesse nicht verbunden sein könne, wurde schon mehrfach hervorgehoben, gleichwohl kann das Wohlgefallen am Schönen i n-
d i r e c t ein Wohlgefallen an der Existenz des schönen Objectes
mit sich führen, d. h. es kann indirect mit Interesse verbunden sein.

a. Vom empirischen und intellectuellen Interesse am Schönen (§ 41 u. § 40).[1]

Dieses indirecte Interesse ist nun entweder ein empirisches«,
welches auf einer Neigung der menschlichen Natur beruht, oder
es ist ein intellectuelles , welches uns als vernünftigwollenden
Wesen eigen ist.

Empirisches Interesse verbindet sich mit dem Schönen, insofern dasselbe der Geselligkeit dient: »Auf einer wüsten Insel,
sich selbst überlassen,« würde der einzelne Mensch »weder seine
Hütte noch sich selbst ausputzen.

---

ed. Rosenkranz u. Schubert Bd. IV S. 81 u. flg.' und die Vermutung Kant's,
dass der ›Gemeinsinn‹ ein Vermögen sei, welches nach einer Forderung der
Vernunft erst in uns hervorgebracht werden solle.

[1] Innerhalb dieser kleinen (durch lateinische Buchstaben bezeichneten)
Abschnitte werden wir wieder so verfahren, dass wir auf eine knappe Angabe
des Inhalts eine Besprechung und Beurteilung der Kantischen Aufstellungen
folgen lassen.

Wie aber dieser Zusammenhang zwischen dem Wohlgefallen am Schönen und dem Geselligkeitstrieb sich schon in den rohen Anfängen der Kunst gezeigt hat, so ist es (nach Kant) auch jetzt wieder so weit gekommen, dass ästhetische Empfindungen nur soviel wert gehalten werden, als sie sich allgemein mitteilen lassen.

Diese Art des Interesses am Schönen hat jedoch für den Philosophen nur eine untergeordnete Bedeutung, da es sich dabei nur um ein empirisch und nicht um ein a priori hinzukommendes Wohlgefallen handelt; daher würde es auch erfolglos sein, auf diesem Weg — durch das empirische Interesse am Schönen — eine Vermittelung zwischen dem Guten und Angenehmen zu suchen.

Anders verhält es sich mit dem intellectuellen, dem sittlichen Interesse am Schönen, welches als a priori zu dem rein ästhetischen hinzutretend zu betrachten ist. Zunächst scheinen allerdings das »Gefühl für das Schöne« und »die Achtung vor dem Sittengesetz« wenig Verwandtschaft miteinander zu haben. Lehrt doch die Erfahrung, dass Virtuosen des Geschmackes vom sittlichen Standpunkt aus häufig durchaus zu verurteilen sind: so ist auch in der That durch die Liebe zu der schönen K u n s t noch kein Beweis für die moralische Gesinnung eines Menschen gegeben, dagegen wird man es stets für das »Kennzeichen einer guten Seele« halten unmittelbar an der Schönheit der N a t u r Anteil zu nehmen; dabei wird vorausgesetzt, dass dieses Wohlgefallen den schönen Formen und nicht den Reizen der Natur gelte; dieses Wohlgefallen nun ist mit einer Lust an der Existenz des Gegenstandes verbunden. Wer sich einsam an der Schönheit einer wilden Blumen erfreut, wenn er durch sie auch materiellen Schaden erleidet, dem gefällt nicht nur ihre Form, sondern auch i h r D a s e i n. Dabei wird vorausgesetzt, dass diese Blume eine natürliche und nicht eine künstliche, in die Erde gesteckte sei.

Nun werden diejenigen, die ihr sittliches Gefühl cultiviert haben, der einfachen Naturschönheit vor der glänzendsten Kunstschönheit den Vorzug geben und zwar aus folgendem Grunde.

Neben der ästhetischen Urteilskraft, welche jedermann ein interesseloses Wohlgefallen an der Form gewisser Gegenstände zur Vorschrift macht, steht die intellectuelle Urteilskraft für die blosse Form praktischer Maximen, welche wir jedermann zum Gesetz machen, verbunden mit einem Wohlgefallen, welches zwar ohne Interesse stattfindet, ein solches Interesse jedoch e r z e u g t. Beide, die ästhetische und die intellectuelle Urteilskraft, treten nun in enge Verbindung miteinander, indem es die Vernunft (resp. die intellectuelle Urteilskraft) interessiert, in der Natur wenigstens Spuren zu finden, welche darauf hinweisen, dass dieselbe der Verwirklichung ihrer Forderungen günstig sei.

Ob dies nun die wahre Auslegung der Chiffreschrift sei, durch welche die Natur in ihren schönen Formen figürlich zu uns spricht, wird man zunächst bezweifeln; es sprechen jedoch dafür mannigfache Gründe: denn e r s t e n s ist die Freude am Naturschönen nur denen eigen, deren »Denkungsart« zum Guten entweder schon ausgebildet oder doch für dasselbe empfänglich ist ; f e r n e r spricht dafür die mehrfache Analogie, welche zwischen dem ästhetischen und dem moralischen Wohlgefallen herrscht: beiden ist Allgemeinheit und Notwendigkeit eigen, sie haben also beide in einem apriorischem Vermögen unseres Inneren ihren Ursprung: nur ist dieses ein «freies« und jenes ein »gesetzmassiges Wohlgefallen; endlich führt uns die ästhetische Betrachtungsweise selbst auf ihre Verwandtschaft mit der moralischen, indem sie uns für die ästhetische »Zweckmässigkeit ohne Zweck , welche wir den »schönen« Objecten beilegen, den Zweck in uns und unserer moralischen Bestimmung suchen lässt.

Dagegen gilt das Interesse der Vernunft nicht in gleicher Weise der Kunst, denn diese ist e n t w e d e r eine bis zur Täuschung gehende Nachahmung der Natur und dann wirkt sie als Naturschönheit, indem der Beschauer sie mit der wirklichen Natur verwechselt, o d e r sie ist »eine auf unser Wohlgefallen sichtbarlich gerichtete Kunst,« dann interessiert sie uns nur, insofern sie diesen Zweck erfüllt oder nicht erfüllt.

In der Natur hingegen haben selbst die Reize die Eigentümlichkeit, ihrer Form nach zu gefallen: denn diese sind Modification des Lichtes oder des Schalles; sie gestatten daher über die F o r m eben deren Modification ein Reflexion und können deshalb auch mit intellectuellem Interesse verbunden sein. So scheint die weisse Farbe zu der Idee der Unschuld, die rote zu der der Erhabenheit zu stimmen u. s. f. ; Voraussetzung ist jedoch auch hier, dass es sich um wirkliche Gegenstände der Natur und nicht um getreue Nachahmung derselben handle.

### β. Besprechung.

Unsere Inhaltsangabe wird gezeigt haben, dass in den beiden eben besprochenen Paragraphen der Versuch, unserem ästhetischen Wohlgefallen eine tiefere Begründung zu geben erst leise anklingt, dass sie gleichsam die einleitenden Accorde sind, mit welchem Kant die II. Hälfte seiner Auseinandersetzung beginnt.

Wenn wir uns zunächst zu § 41 wenden, so müssen wir hervorheben, dass Kant dem Zusammenhang, welcher zwischen der Kunst und der Geselligkeit besteht, durchaus nicht gerecht wird. Die Verwandtschaft beider ist durchaus nicht, wie Kant will, eine empirische, mehr oder weniger zufällige, sondern sie ist eine ursprüngliche, in der gemeinschaftlichen Wurzel des Kunst- und Geselligkeitstriebes begründete. Die Kehrseite der Arbeit ist der Genuss und die Musse[1]) und in dieser Musse erwacht gleichzeitig mit dem Trieb zur geselligen Unterhaltung das Bedürfnis zur Aeusserung dessen, was sich als Gefühl mitteilt, d. h. der ästhetischen Lust. Dass ein derartiges Bedürfnis sich zunächst in rohen Anfängen documentiert und erst allmählich feinere Formen gewinnt, indem es zugleich die geselligen Formen verfeinert, liegt auf der Hand. Kant aussert für dieses empirische Interesse am Schönen eine merkliche Geringschätzung, weit wichtiger erscheint ihm das intellectuelle Interesse am Schönen. Hier (§ 42 d. K. d. Urt.) taucht bei Kant zum ersten Mal der Gedanke auf, dass man an der Natur ein tieferes Interesse nehmen könne, als das für die blosse Form ihrer Objecte, dass man sich an dem »Dasein einer wilden Blume freuen könne und zwar deshalb, weil durch sie die Natur zeigt, dass ihre Producte den Grund einer gesetzmässigen Uebereinstimmung‹ mit der ästhetischen Urteilskraft des Subjectes enthalten, dass die

---

[1]) Vgl. G. Glogau, Abriss der philosophischen Grundwissenschaften, Bd. II S. 166.

Natur selbst also auch dem Endzweck des Menschen nicht feindlich entgegenstehen kann.

Da haben wir wieder eine Stelle, welche mit Kants Behauptung, dass die Zweckmässigkeit des Schönen in der Natur sowohl, wie in der Kunst eine ideale sei, in offenem Widerspruch steht.

Die aus dieser Aufstellung entspringende Consequenz, nach welcher das Schöne der Natur die Vermittelung zwischen dem Gebiete der Freiheit und dem der Natur bilden würde, wird hier jedoch noch nicht gezogen; vielmehr lässt Kant diesen Gegenstand wieder fallen, um die Frage zu untersuchen, ob auch mit dem Schönen der Kunst ein intellectuelles Interesse verbunden sein könne. Dies verneint er, wie überhaupt bei Kant in diesem Paragraph eine fast schwärmerische Bevorzugung des Naturschönen vor dem Schönen der Kunst wahrzunehmen ist, die wir vielleicht auf Rousseaus Einfluss zurückzuführen haben.

Wenn Kant hier nur zwei Arten der Kunst kennt, nämlich die, welche die Natur auf das Peinlichste nachahmt, und diejenige, welche in ihren Gebilden die A b s i c h t , unser Wohlgefallen zu erwecken hervortreten lässt, so ist dies um so auffallender, als Kant schon zwei Paragraphen später die schöne Kunst als Kunst des Genies« definiert und so die beiden oben genannten A b a r t e n der schönen Kunst von dem Gebiete der rein ästhetischen Wirkung ausschliesst. Wir sagen » A b a r t e n der schönen Kunst , weil wir die peinlich die Natur nachahmende Kunst wohl als einen Triumph der Technik, nicht aber als Kunst anerkennen werden, und weil wir die unser Wohlgefallen sichtbarlich bezweckende Kunst vielleicht als angenehme, nicht aber als schöne Kunst bezeichnen werden; denn die Absicht unser Wohlgefallen zu erregen, werden wir nur bei einer Kunst wahrnehmen, die sich des Reizes in hervorstechendem Masse bedient, die also nach unseren Ausführungen einer rein ästhetischen Wirkung überhaupt nicht fähig ist.

Die wahre Kunst pflegt vielmehr, wie wir bei Besprechung von § 46 sehen werden, eine s c h ö p f e r i s c h e K r a f t vorauszusetzen, analog der Schöpferkraft, welche wir der Natur zu Grunde legen; diese bewirkt, dass uns die Gebilde der Kunst wie die Natur selbst und nicht wie eine Nachahmung der Natur

entgegentreten. Deshalb ist es auch falsch, der Vernunft ein
Interesse an der Schönheit der Natur beizulegen und ihr ein
solches für die Schönheit der Kunst abzusprechen. Ein specifischer Unterschied zwischen dem Schönen der Natur
und dem der Kunst existiert in dieser Beziehung nicht; man
könnte höchstens einen Gradunterschied constatieren.
So sehen wir das bestätigt, was wir bereits in unserer Einleitung hervorhoben, dass Kant dem Kunstschönen wenigstens
nicht in einheitlicher Weise gerecht wird. Dass er die hier vor-
getragene Ansicht später corrigiert hat, wird die Besprechung des
jetzt folgenden Teiles der Kritik der Urteilskraft zeigen.

## α. Inhaltsangabe.

b. Von dem Wesen
der Kunst und des
Genies. (§ 43—50).

Kunst unterscheidet sich erstens von der Natur, wie
Thun von Handeln oder Wirken. Das, was durch Instinct ge-
schieht oder hervorgebracht wird, wie der künstliche Bau der
Ameisen, wie das Wunderwerk der Bienen, ist nicht Kunst, son-
dern Natur; das durch Freiheit Erzeugte hingegen gehört in das
Reich der Kunst, woraus folgt, dass nur bei dem Menschen von
Kunst die Rede sein kann.

Kunst unterscheidet sich zweitens von der Wissenschaft, wie Können von Wissen, wie Technik von Theorie.
Auch ist von der Kunst dasjenige ausgeschlossen, dessen Wissen
das Können mit einschliesst; die Ausübung einer Kunst setzt eine
vorher erworbene technische Fertigkeit voraus: da bedarf es einer
geübten Hand, eines gebildeten Auges, um den geistigen Inhalt
in die Materie überzuleiten.

Kunst ist endlich zu trennen von dem Handwerk.
Das Handwerk geht auf Lohn aus, die Kunst wird deshalb als
frei bezeichnet, weil sie nicht um Lohn wirbt, das Handwerk
erfordert Arbeit, d. h. Beschäftigung, die an und für sich unan-
genehm ist, die Kunst pflegt man für ein Spiel, d. h. eine an
und für sich angenehme Beschäftigung zu halten; gleichwohl darf
auch sie das Technische, den Mechanismus«, nicht vernach-
lässigen, ohne welchen der Geist in der Kunst gleichsam körper-
los sein würde.

Der Kunst pflegt man das Prädicat schöne beizulegen und

— 63 —

dadurch ihren specifischen Unterschied von einigen verwandten Begriffen zu bezeichnen.

Es giebt nämlich zwar eine schöne Kunst, nicht aber eine **Wissenschaft des Schönen**, sondern nur eine **Kritik des Schönen**. Denn da die Schönheit eines Objectes sich nicht auf Begriffe gründet, so ist ein begriffliches wissenschaftliches Erfassen des Schönen unmöglich.[1] Es giebt ferner keine **schöne Wissenschaft**; in dieser Verbindung liegt nämlich insofern ein innerer Widerspruch, als wir es dann mit einer Wissenschaft zu thun hätten, die uns anstatt mit **wahren**, mit **schönen** Aussprüchen dienen würde. Wenn man trotzdem eine Reihe von Wissenschaften als schöne Wissenschaften bezeichnet, so geschieht dies durch eine Art Verwechselung, indem man diesen Namen denjenigen Wissenschaften giebt, deren Beherrschung für ein technisches Erfordernis bei der Ausübung und Beurteilung der schönen Kunst gilt, sowie denen, welche sich mit den Producten der schönen Kunst (z. B. mit der Dichtkunst und Beredsamkeit) beschäftigen.

Aber auch nicht jede Kunst ist als schöne Kunst zu bezeichnen; vielmehr müssen wir zwei Hauptarten der Kunst unterscheiden:

1. die **mechanische** Kunst, welche in ihren Producten eine Erregung von Lust und Unlust **nicht** bezweckt, und

2. die **ästhetische** Kunst, welche das Gefühl der Lust im Subject bezweckt.

Soll dieses Gefühl nun als **Empfindung** die Wahrnehmung eines Objectes begleiten, so haben wir es mit der **angenehmen** Kunst zu thun, soll es dagegen der Auffassung eines Objectes als **Erkenntnisart** zur Seite gehen, so haben wir es mit der **schönen** Kunst zu thun.

Die Künste, welche, wie eine lebhafte Tischunterhaltung oder wie die Spiele jeder Art, nur auf Genuss abzielen, sind die **angenehmen** Künste, diejenigen dagegen, welche, für sich selbst zweckmässig, eine Lust der Reflexion im Gefolge haben, sind die s c h ö n e n Künste.

Das Wesen der schönen Kunst soll jetzt näher bestimmt werden.

Wie die Natur ästhetisch wirkt, wenn sie wie Kunst erscheint, so verdient die Kunst den Namen einer »schönen« Kunst wenn sie wie Natur erscheint, ohne uns das Bewusstsein verlieren zu lassen, dass sie Kunst ist. Durch diese Bemerkung ist vor der schönen Kunst die blinde Nachahmung der Natur ausgeschlossen (angenehme Kunst) andrerseits aber auch das Peinliche der Schul form, (mechanische Kunst).

Wie ist es nun möglich, dass schöne Kunst wie Natur erscheint?

Es ist möglich, indem die Natur durch das Genie de Kunst die Regel giebt.

Die schöne Kunst kann ihre Regel nicht von dem Ver mögen der Begriffe, dem Verstand, erhalten; denn das Geschmacks urteil gründet sich ja, wie wir sahen, nicht auf Begriffe, gleich wohl kann sie auch nicht ganz ohne Regeln sein — denn ein jedes Kunstwerk trägt, wie die Erfahrung lehrt, eine Gesetzmässig keit in sich, welche sich nur durch Regeln erklären lässt es bleibt uns daher als einziger Ausweg der übrig, dass die schön Kunst ihre Regeln d u r c h  d i e  N a t u r  i m  S u b j e c t  e r h ä l t die angeborene Gemütsanlage aber, durch welche die Natur de Kunst die Regel giebt , nennt man G e n i e.

Wie muss nun das Genie beschaffen sein, wenn es de Kunst die Regel geben soll?

Das Genie muss Originalität besitzen, d. h. diejenige Ur sprünglichkeit; welche ohne fremde Vorschrift erfinderisch thäti sein kann ; es muss in seinen Schöpfungen »exemplarisch« sein d. h. seine Schöpfungen dürfen zwar nicht der Nachahmung ent sprungen sein, müssen aber von ausschweifenden Erfindungen in soweit frei sein, dass sie als Muster dienen können. Das Geni muss ferner als Natur , d. h. unbewusst wirkend der Kunst di Regeln geben. Das Genie muss endlich der Kunst, nicht de Wissenschaft die Regeln geben, denn jede Entdeckung in de Wissenschaft kann Schritt für Schritt bis zu ihrer Wurzel zurück verfolgt und erklärt werden, so dass der grösste Erfinder au

diesem Gebiete nur dem Grade nach von dem Lehrling verschieden
ist: das Genie, dessen Wirken unbewusst ist, wie wir eben sahen,
kann den von ihm betretenenen Weg selbst nicht zurückverfolgen,
geschweige denn ihn anderen demonstrieren; das Genie lehrt
nicht theoretisch, wie der Mann der Wissenschaft, sondern prac-
tisch, durch seine Werke. Von den Werken des Genies muss
man die Regeln abstrahieren, welche für die Kunst massgebend
sein sollen, an seinen Werken muss sich die Produktionskraft
der Nachfolger des Genies entzünden, dadurch, dass der Lehrling,
wenn ihn die Natur mit einer ähnlichen Proportion der Gemütskräfte versehen hat, von den Ideen des Meisters zu verwandten Ideen angeregt, seiner eigenen Schöpferkraft inne wird.

Gleichwohl giebt es auch für die Kunst einen Kanon rein
technischer Vorschriften, welche für den Jünger der Kunst die
unerlässliche Bedingung einer mustergültigen Production sind.
Es ist lächerlich, wenn der Lehrling seine Genialität dadurch zu
zeigen meint, dass er die technischen Vorschriften der Kunst
vernachlässigt; es verdient jedoch noch mehr Spott, wenn jemand
in Sachen der Vernunft sich wie ein Genie zu sprechen bemüht.

Wie es zum Hervorbringen eines schönen Gegenstandes des
Genies bedarf, so zu seiner Beurteilung des Geschmacks. Die
Thätigkeit des Genies kommt daher nur für das Schöne der
Kunst in Betracht, welches hervorgebracht werden muss, bevor
es beurteilt werden kann, nicht für das Schöne der Natur, welches
als fertig sich der Beurteilung des Subjects anbietet.

Aber auch das Geschmacksurteil ist bei dem Schönen der
Natur durch andere Momente bestimmt, wie bei dem Schönen
der Kunst.

Die Schönheit der Natur gefällt durch die blosse Form,
ohne das ihr ein Zweck beigelegt wird, die Schönheit der Kunst
gefällt unter der Voraussetzung, dass das Object des Wohlgefallens
einem Begriff entspreche. Zieht man dagegen in der Natur in
gleicher Weise, wie in der Kunst [1] den Zweck des schönen Objects in Betracht, so beurteilt man die Natur nicht, insofern sie

---

[1] An dieser Stelle hat es den Anschein, als ob Kant in der Natur
nur »freie« und in der Kunst nur »anhängende« Schönheiten gelten lassen
wolle.

Natur, sondern insofern sie wirklich Kunst, wenn auch übermenschliche, ist. Dem ästhetischen Urteile liegt dann ein teleologisches zu Grunde; man kann ein derartiges Urteil über die Naturschönheit, da es durch Begriffe fixiert ist, auch ein logisch-ästhetisches nennen.

Vergleicht man die Natur und die Kunst in Bezug auf ihre ästhetische Wirkung, so wird man finden, dass die Vorzüglichkeit der Kunst gerade darin besteht, dass sie das in der Natur Hässliche schön zur Darstellung bringt, z. B. Krankheiten und Verwüstungen des Krieges. Von der Kunst ausgeschlossen ist nur das Ekelerregende, welches den Sinnen unmittelbar widerstrebt; wenn die Plastik, welche die Natur am genausten nachbildet, hässliche Gegenstände zum Object ihrer Darstellung gemacht hat, so bedient sie sich hierbei häufig des Symboles; [1] den Tod lässt sie als schönen Genius erscheinen.

Zur äusseren Formung des Kunstwerkes bedarf es nur des Geschmackes; der Geschmack ist aber kein productives, sondern ein blosses Beurteilungsvermögen, die äussere Formung des Kunstwerkes ist daher nur ein Vehikel der Mitteilung des inneren Gehaltes, eine blosse Manier des Vortrages. Da wir nun unmöglich voraussetzen können, dass jeder Künstler in Bezug auf seine Gemütsvermögen völlig harmonisch organisiert sei, dürfen wir uns nicht wundern, wenn wir an manchen Werken der Kunst mehr Genie, wie Geschmack, an anderen umgekehrt mehr Geschmack, wie Genie wahrnehmen.

Wenn nun schöne Kunst Kunst des Genies ist, so wird sich uns ihr Wesen nur dann erschliessen, wenn wir die Vermögen des Gemüts, welche das Genie ausmachen, einer eingehenden Analyse unterziehen. Nun sagen wir von manchen Producten, welche der schönen Kunst zugerechnet zu werden beanspruchen, sie seien »ohne Geist«, d. h. es fehle ihnen eine Art inneren Lebens. Die Bezeichnung »Geist« kommt aber natürlich nicht eigentlich den Producten der schönen Kunst zu, sondern den Urhebern dieser Producte; und dann versteht man

---

[1] Bei Kant ist diese indirekte Darstellung des Schönen an dieser Stelle als »Allegorie« bezeichnet; wir haben schon hier den von ihm eigentlich beabsichtigten Ausdruck eingesetzt.

unter Geist in ästhetischer Beziehung« das belebende Princip im
Gemüt, welches in dem Vermögen der ästhetischen
Ideen seinen Grund hat.

Der Ausdruck »ästhetische Idee« bedarf einer Erklärung:
es ist damit eine Vorstellung der Einbildungskraft bezeichnet,
welcher kein Begriff völlig adäquat ist, welche folglich keine
Sprache vollständig auszudrücken vermag; die ästhetische Idee
entsteht[1]) aber in unserem Inneren, indem die Einbildungskraft
»eine andere Welt aus dem Stoff, den ihr die wirkliche giebt,«
erschafft; mit ihren der Wirklichkeit analog geformten Gebilden
unterhält sie sich, »wenn ihr die Erfahrung zu alltäglich vor-
kommt, indem sie dieselbe hin und wieder verändert und
umformt.

Indem nun die Einbildungskraft beim Formen der Idee
über die Welt der Erfahrung in freier Weise verfügt, sie um-
bildend und aus eigenen Mitteln ergänzend, strebt sie über die
Grenze der Erfahrungsgesetze hinaus und versucht der Darstellung
eines Vernunftbegriffes (welchem ein Object in der Anschauung
nie völlig adäquat sein kann) nahe zu kommen. Das Vermögen
ästhetischer Ideen gerät aber dadurch in Bewegung, dass die
ästhetische Idee den (Verstandes-) Begriff überragt, dem sie
untergelegt wird; hierdurch giebt sie nämlich Veranlassung, bei
einer Vorstellung mehr zu denken, als begrifflich klar gemacht
werden kann.

Wie kommen nun die ästhetischen Ideen in der Kunst zur
Darstellung? In der Form der ästhetischen Attribute! Sie sind
es, welche nicht die Darstellung eines (bestimmten) Begriffes ausmachen, sondern die Nebenvorstellungen der ästhetischen Einbildungskraft versinnbildlichen. Beispiele für ästhetische Attribute
sind der Adler des Jupiter und der Pfau der Juno; aber nicht
nur die bildende Kunst, auch die Dichtkunst erhält den Geist,
der sie belebt,« durch die ästhetischen Attribute der Gegenstände.

Nach dem bisher Gesagten werden wir das Genie »als das
»Vermögen, zu einem gegebenen Begriff Ideen und für diese

---

[1]) Die frühere Erklärung für die ästhetische Idee, nach welcher sich
dieselbe aus der Normalidee und der Vernunftidee zusammensetzt, ist hier
nicht wieder berührt.

den richtigen A u s d r u c k finden«, definieren. Das zuletzt genannte Talent, die Fähigkeit, den richtigen Ausdruck für die Ideen zu treffen, nennt man speciell »Geist«.

Die Merkmale des Genies sind nun folgende[1]:

1. Das Genie ist ein Talent zur Kunst und nicht zur Wissenschaft.

2. Das Genie hat zur Voraussetzung ein nicht näher bestimmbares, harmonisches Verhältnis von Verstand und Einbildungskraft.

3. Das Genie ist das Vermögen der Darstellung ästhetischer Ideen.

4. Das Genie beruht auf einer u n g e s u c h t e n und u n a b s i c h t l i c h e n Proportion der Gemütskräfte, welche nicht die Befolgung von Regeln, sondern nur die Natur des Subjectes hervorbringen kann.

Das Genie giebt aber, wie wir sahen, Kunst Regeln durch seine Werke: von diesen sollen zwar einerseits Vorschriften für die Ausübung der Kunst abstrahiert werden, von höherem Werte ist aber das Beispiel des Genies: dieses erweckt in dem Lehrling ähnliche ästhetische Ideen, wie die Werke des Meisters zeigen und begeistert ihn zu ähnlichen Schöpfungen.[2]) Ein Genie macht weiterhin förmlich S c h u l e , indem mehr die technische Seite seines Wirkens ins Auge gefasst und methodisch nachgeahmt wird. Wenn die Nachahmung von Seiten des Lehrlings nun eine sclavische ist, welche auch die Schwächen und Unarten des Genies mit nachbildet, so können wir sie als Nachäffung bezeichnen; gilt aber die Nachahmung nicht dem schöpferischen Genie im Ganzen, sondern n u r dem, was an ihm von dem Gewöhnlichen abweicht, so haben wir es mit der Manier und mit manirierten« Kunstwerken zu thun, die um den betretenen Weg zu meiden, das Geschrobene und Affectierte bevorzugen.

Wir hatten schon vorhin erwähnt, dass Geschmack und

---

[1] Vgl. Kritik der Urteilskraft, ed. Hartenstein Bd. V S. 328/329; ed. Rosenkranz u. Schubert Bd. IV S. 189.

[2] Bei einer genauen Inhaltsangabe können wir es nicht vermeiden, auch die Wiederholungen, welche sich bei Kant finden, wiederzugeben, weil wir sonst den Zusammenhang stören würden.

Genie in einem Kunstwerk häufig nicht verbunden sind: überwiegt nun in einem Kunstwerk das Genie, so wird man die Kunst, welche es hervorgebracht hat, als eine geistreiche Kunst bezeichnen können, zeigt andrerseits ein Kunstwerk mehr Geschmack als Genie, so wird man die Kunst, der es seine Entstehung verdankt, eine schöne Kunst nennen. Will man nun die Frage beantworten, ob ein Kunstwerk mehr des Geschmackes oder mehr des Genies bedürfe, um ästhetisch zu befriedigen, so wird man sich unbedenklich für das erstere entscheiden: eine geschmackvolle Composition der Kunst wird stets ästhetische Lust im Gefolge haben, während ein Product, welches der ungezügelten Freiheit des Genies entsprungen ist, sogar ästhetisches Missbehagen erwecken kann, wenn es durchaus Geschmack vermissen lässt. Der Geschmack ist also die »Disciplin des Genies, welche es »gesittet und geschliffen macht und ohne welche es ausartet. In ihrer höchsten Vollendung setzt demnach die schöne Kunst eine volle Harmonie von Verstand und Einbildungskraft, von Geist und Geschmack, voraus.

### β. Besprechung.

Es ist die Aufgabe des eben im Auszuge wiedergegebenen Abschnittes der Kritik der Urteilskraft das Wesen der schönen Kunst zu entwickeln. Nun kommt Kant zu dem Schluss, dass schöne Kunst nur als Kunst des Genies möglich sei: will man also das Wesen der schönen Kunst bestimmen, so kann das nur geschehen, indem man die Vermögen, welche das Genies ausmachen, analysiert. Mit anderen Worten: die Frage: Wie ist schöne Kunst möglich? gewinnt eine speciellere Fassung in der Frage: Wie ist das Genie und sein Wirken möglich?

Der Beantwortung dieser Frage gilt der ganze Abschnitt: es wäre daher schwer für unsere Besprechung desselben eine feste Disposition zu gewinnen, wenn Kant nicht selbst, das Resultat seiner Untersuchung zusammenfassend, durch Hervorhebung von 4 hauptsächlichen Merkmalen das Wesen des Genie in seinen Grundzügen bestimmt hätte.

Eine Recapitulation dieser Stelle der Kritik der Urteilskraft wurde bereits S. 68 unserer Abhandlung gegeben: die hier bezeich-

neten einzelnen Haupteigenschaften des Genies sollen uns bei der
jetzt folgenden Besprechung als Leitfaden dienen.

1. Das Genie ist ein Talent zur Kunst und nicht
zur Wissenschaft.

Die in diesem Satze ausgesprochene Behauptung erscheint
zunächst durchaus einleuchtend: Kant hat sie häufig und mit
Nachdruck vertreten: bald spricht er sich missbilligend über einen
«schwärmenden [1]) Verstand aus, bald findet er es lächerlich, in
Sachen der Wissenschaft wie ein Genie sprechen zu wollen. Auch
scheint es, als verdiene die Begründung, welche er in diesem
Satze giebt, unseren vollen Beifall. Die grossen Erfindungen und
Entdeckungen auf dem Gebiet der Wissenschaft, sagt er, hätte
man auch machen können, indem man bloss folgerichtig Schluss
an Schluss reihte und umgekehrt könne man den Weg von einer
derartigen Entdeckung bis zu ihrem Ursprung demonstrieren.

Man hätte diese wissenschaftlichen Entdeckungen auf die
angegebene Weise machen können -- das wollen wir Kant zugeben[2]); thatsächlich sind sie aber nicht auf dem Wege folge-
richtigen Schliessens, sondern auf eine Art und Weise entstanden,
welche der Schöpfungsweise des Genies in der Kunst völlig
analog ist.

Der grosse Erfinder auf wissenschaftlichem Gebiete anti-
cipiert das Resultat, bevor er die Mittel hat, durch eine Kette
von Schlüssen die wissenschaftliche Begründung zu geben: eine
Fülle unbewussten Verknüpfens und inneren Arbeitens lässt auf
eine dem Subject selbst unerklärliche Art plötzlich ein Resultat
hervortreten, welches der Mitwelt wie eine Offenbarung erscheinen
muss: so ist es zu erklären, wenn schon im Altertum das Koper-
nikanische Sonnensystem zwar entdeckt, nicht aber wissenschaft-
lich begründet wurde, und wenn bereits die alte Philosophie den
Gegensatz von Sein und Erscheinung erfasste, welcher seine volle
wissenschaftliche Begründung erst durch Kant erfuhr. Nun ist es

---

[1] Vgl. Kant: »Prolegomena zu einer jeden künftigen Metaphysik etc.«
ed. Hartenstein Bd. IV S. 65, ed. Rosenkranz und Schubert Bd. III S. 81,
»dass aber der Verstand, der denken soll, an dessen statt schwärmt, das
»kann ihm niemals verziehen werden.«

[2]) Ein logischer Widerspruch liegt in der Annahme Kant's nicht.

richtig, dass der bahnbrechende Genius auf dem Gebiet der Wissenschaft häufig Schritt für Schritt den Weg, welcher zu dem gewonnenen Resultat habe führen müssen, zeigen kann. Gleichwohl demonstriert er dann nicht den Weg, den er selbst bei der Lösung des Problems zurückgelegt hat, sondern vielmehr denjenigen, welchen die Mitwelt gehen muss, um ihn zu begreifen. Wenn aber der Künstler einer Demonstration des Entstehens seiner Werke nicht fähig ist, so liegt das ganz allein in dem Wesen seines Stoffes, indem er nicht mit so bestimmten Begriffen arbeitet, wie der Mann der Wissenschaft.

Aber auch die Heroen der Wissenschaft können uns nur in groben Zügen die Bahn bezeichnen, welche sie genommen haben. Wie häufig werden wir auch da nicht im Stande sein, zu einem völligen Begreifen zu gelangen, wie häufig werden wir an Punkte kommen, wo es nur ihnen möglich war, einer Schlussfolgerung diese oder jene fruchtbare Wendung zu geben, wo nur sie im Fluge des Gedankens eine Reihe von Gliedern einer Schlusskette überspringen konnten — durch eine Art Eingebung, die nur ihnen zu Teil wurde.

Wie nun in der Wissenschaft neben der analystischen Thätigkeit des Verstandes die synthetische der genialen Erfindung mit Recht einen Platz einnimmt, so giebt es umgekehrt neben dem künstlerischen Erfassen des Schönen ein wissenschaftliches Begreifen desselben; es giebt — was Kant leugnet — nicht nur eine Kritik, sondern auch eine Wissenschaft des Schönen. Nur gilt die letztere nicht den schönen Objecten, wie sie sich fertig darstellen, sondern den allgemeinen Principien, nach welchen sie geschaffen und beurteilt werden: die Wissenschaft, welche diese untersucht, ist die Ästhetik.

Wir kommen jetzt zweitens zu der Behauptung Kants:

2. Das Genie hat zur Voraussetzung ein nicht näher bestimmbares harmonisches Verhältnis von Verstand und Einbildungskraft.

Mit diesen Worten ist die Forderung ausgesprochen, dass die künstlerischen Schöpfungen des Genies ein harmonisches Verhältnis von Stoff und Form zeigen sollen: denn die Einbildungskraft bietet den Stoff, der Verstand bildet und formt ihn. Je nachdem das eine oder das andere Vermögen des schöpferischen

Subjectes vorwiegt, haben wir entweder eine gedankenreiche, aber formlose künstlerische Schöpfung, oder ein weniger gehaltreiches, aber um so formvollendeteres Kunstwerk. In ihrer Ausartung endlich erzeugt die durch den Verstand nicht bezähmte Einbildungskraft geradezu originalen Unsinn (vgl. Kritik der Urteilskraft, ed. Hartenstein Bd. V S. 318; ed. Rosenkranz u. Schubert Bd. IV S. 177), während der blosse Verstand ohne schöpferische Einbildungskraft sich in inhaltslosen Spielereien mit der äusseren Form gefällt. Dagegen setzt das echte Genie ein harmonisches Verhältnis von Verstand und Einbildungskraft voraus und es wird demzufolge Stoff und Form in seinen Werken in den richtigen Einklang versetzen. Nur wenn die Werke des Genies dies wirklich leisten, können sie für »exemplarisch« gelten.

Einbildungskraft und Verstand sind gleichsam die weibliche und männliche Seite des Genies; nur wo der Verstand die Gebilde, welche die Einbildungskraft geschaffen hat, geformt und geordnet hat, und wo er für die so gewonnene innere Anschauung wiederum den richtigen Ausdruck je nach den speciellen Zwecken der einzelnen Kunst gefunden hat, tritt uns das Kunstwerk in vollendeter Gestalt entgegen.

Die Thätigkeit aber und das Wesen der productiven Einbildungskraft werden wir durch die Besprechung des III. von Kant angegebenen Merkmales des Genies kennen lernen.

3. Das Genie ist das Vermögen der Darstellung ästhetischer Ideen.

Dieser Satz enthält den Schlüssel zum Verständnis des ästhetischen Wohlgefallens, so weit dasselbe nicht nur der Aussenseite eines Objectes, sondern auch seinem Gehalte, seiner tieferen Bedeutung gilt; hier erhält die Kantische Lehre, dass gewisse Formen den Verstand und die Einbildungskraft in ein lustvolles Spiel versetzen welche in dem I. Abschnitt unserer Besprechung enthalten ist — ihre wahre Ergänzung. An dieser Stelle kommen wir zu dem Schluss: Das Schöne gefällt nicht nur in Rücksicht auf die Wirkung seiner äusseren Form, sondern mehr noch, sofern es als Darstellung ästhetischer Ideen erscheint. Denn wenn die Kunst nur möglich ist als Schöpfung des Genies und wenn das Genie das Vermögen der Darstellung ästhetischer Ideen ist, so besteht das Wesen der Kunst eben darin, dass sie der Ausdruck« ästhetischer Ideen ist. Was Kant unter ästhetischer Idee versteht, wird, wie ich hoffe, sich aus der vorhergehenden Inhaltsangabe von § 43 – § 50 ergeben haben, gleichwohl müssen wir bei der Erläuterung dieses Begriffes noch einen Augenblick verweilen.

Wenn Kant die ästhetische Idee als eine Anschauung der Einbildungskraft bezeichnet, welcher ein Begriff nie völlig entspricht, welche also in der empirischen Welt, so weit sie begrifflich erfassbar ist, nicht völlig zu verwirklichen ist, wenn sie das Bild eines in der Realität nicht zu erreichenden Schönen ist: so liegt in ihrer Natur, d a s s  s i e  z u g l e i c h  e i n e  F o r d e r u n g  d e r  V e r n u n f t  i s t. Wäre die ästhetische Idee eine Anschauung der Einbildungskraft, welche die Wirklichkeit erreichen könnte, so würde sie uns nur ein B i l d  sein, an dem wir die Schönheit der einzelnen Objecte messen könnten, und sie liesse sich dann als ein blosses  B e u r t e i l u n g s v e r m ö g e n  definieren: wenn sie aber eine innere Anschauung der Einbildungskraft ist, welcher etwas wirkliches  n i c h t  entspricht, so zeigt sie uns den Unterschied zwischen dem Seienden und dem Seinsollenden, dessen Innewerden sich notwendig mit dem Wunsch der Vervollkommnung[1] verbindet: mit der Freude darüber, dass ein Kunstwerk das S t r e b e n  offenbart, die Idee in der Sinnlichkeit zu verwirklichen, verbindet sich das Bewusstsein, dass in der Sinnlichkeit ein  v o l l s t ä n d i g e r  A u s d r u c k  unseres innersten übersinnlichen Wesens (dessen Ausserung die ästhetische Idee ist)  n i c h t  e r r e i c h b a r  i s t.

Hier werden wir auf den Punkt geführt, wo das Gute und das Schöne sich berühren; beide haben die gleiche Wurzel: sie sind zwei verschiedene Ausserungen des Absoluten in uns.

Hiermit wurden wir das Wesen und den Ursprung der ästhetischen Idee bezeichnet haben. In welcher Weise sie aber in einem Kunstwerk (von der Natur ist hier noch nicht die Rede) zum Ausdruck gelangt, auseinanderzusetzen, würde jetzt unsere Aufgabe sein. Bei Kant finden sich über diesen Punkt einige Andeutungen, die uns jedoch nicht ganz genügend erscheinen.

---

[1] Wenn man der Kunst eine läuternde Wirkung zuschreibt, so hat diese in der von uns eben besprochenen Eigentümlichkeit der Idee ihren Grund.

Er sagt, dass die Nebenvorstellungen der Einbildungskraft, die zu unbestimmt und zu mannigfaltig sind, um sich begrifflich ausdrücken zu lassen, in den ästhetischen A t t r i b u t e n ihren Ausdruck finden. Unter einem ästhetischen Attribute versteht nun Kant, wie seine Beispiele zeigen, diejenigen Beifügungen zu einem Kunstwerk, welche nicht als notwendig zum begrifflichen Verständnis desselben zu betrachten sind, sondern vielmehr bildlich seinen Inhalt veranschaulichen sollen; so der Adler des Jupiter, der Pfau der Juno und die Gleichnisse aus der Dichtkunst, welche Kant anführt. Nun sind die ästhetischen Attribute allerdings u n t e r  d i e  M i t t e l  z u  r e c h n e n ; durch welche der Dichter ästhetische Ideen zur Anschauung bringt; aber diese sogenannten ästhetischen Attribute dienen hierzu nicht mehr, als jeder andere einzelne Teil eines Kunstwerkes, welcher, an sich schon sinnvoll, in seinem Zusammenstimmen mit den übrigen Teilen des Kunstwerkes den Sinn des ganzen Kunstwerkes offenbaren hilft. Es scheint mir daher, als habe Kant für den richtigen Gedanken, welcher ihm vorschwebte, hier den richtigen Ausdruck nicht gefunden, vielmehr ein B e i s p i e l  da gegeben, wo wir eine D a r l e g u n g  d e s  P r i n c i p s  erwarten. Das ästhetische Attribut ist aber nur eine Art des S y m b o l s . Wir behaupten nun, dass ästhetische Ideen sich nur durch Symbolisierung ausdrücken lassen. Wo immer der Blick geöffnet wird in ein unabsehbares Feld von Vorstellungen, die mit einem einzelnen Object in einem inneren Verhältnis stehen, wo uns im Ringen eines Faust der Kampf der ganzen Menschheit gezeigt wird, wo uns in dem Schmerz der Niobe, welche alle Kinder verliert, der Schmerz der Mutterliebe überhaupt entgegentritt: da haben wir es mit Symbolisierung zu thun.

Wir sind mit der Besprechung des Abschnittes über das Genie als das Vermögen der ästhetischen Ideen« jetzt zum Abschluss gekommen. Nun wurde dieses Vermögen bisher wie ein fertiges Besitztum des Genies behandelt: wie aber in dem künstlerischen Subject die ästhetische Idee entsteht und allmählig Form gewinnt, darüber wollen wir jetzt Aufklärung zu geben versuchen, indem wir zu dem IV. Abschnitt unserer Dispotition übergehen.

4. D a s  G e n i e  b e r u h t  a u f  e i n e r  u n g e s u c h t e n  u n d  u n a b s i c h t l i c h e n  P r o p o r t i o n  d e r  G e m ü t s k r ä f t e ,

welche nicht die Befolgung von Regeln, sondern
nur die »Natur des Subjectes hervorbringen
kann.«

In diesem Satz wird der Zustand der Gemütskräfte des
Genies als ein unabsichtlicher bezeichnet, welcher durch die
Natur des Subjectes erzeugt ist. Dieser Zustand ist aber nicht
nur ein unabsichtlicher, seine Entstehung und Entwick-
lung ist vielmehr sogar dem Subject selsbt unerklärlich; er
beruht auf einem unbewussten Vorgang.

Über diese Thatsache finden sich bei Kant nur Andeutungen: dagegen haben ihr andere Philosophen eingehende Betrachtungen gewidmet, ich erinnere besonders an Plato[1]). Nun
müssen wir ja annehmen, dass bei einzelnen bevorzugten Indivi-
duen eine glückliche Proportion der Gemütskräfte vorhanden ist;
damit ist aber nur die Anlage zur Ausbildung des Vermögens
ästhetischer Ideen gegeben; diese selbst entstehen erst, indem die
symbolisch erfasste Wirklichkeit von der productiven Phantasie zu
selbstständigen Gebilden umgeformt wird, welche ihrerseits in
einer beständigen Entwickelung begriffen dem innerlich geschauten
Gesetze gemäss Gestalt erhalten. Aus dieser inneren Thätigkeit
entspringt als selbständige Schöpfung des Genies »das Ideal«.
Wo dieses in der Wirklichkeit wieder erkannt wird,
da entsteht jene Ergriffenheit des ganzen Seelenlebens, welche
Plato als μανία bezeichnet; sie drängt den Künstler zu einer
Ausgestaltung des innerlich Geschauten in der sinnlichsten Wirklichkeit. —

So ist, wie auch Kant mit Recht ausführt, die Thätigkeit
des Genies doppelter Art; [2]) sie besteht darin, erstens zu einem
gegebenen Begriffe Ideen aufzufinden und zweitens für diese Ideen
einen adäquaten Ausdruck zu finden. Wir haben demgemäss
zwei [3]) verschiedene Stadien bei dem Zustandekommen eines

---

[1]) Vgl. Plato, Phaedr. pag. 245 u. Sympos. pag. 206 B.

[2]) Vgl. Kritik der Urteilskraft, ed. Hartenstein Bd. V S. 327; ed.
Rosenkranz u. Schubert Bd. IV S. 188/189.

[3]) Zu dieser ganzen Auseinandersetzung vgl. Glogau, Abriss der philosophischen Grundwissenschaften Bd. II § 255 S. 336.

Kunstwerkes zu unterscheiden. Das innerlich Geschaute oder Erlebte ist nämlich z u n ä c h s t von der Form der Sinnlichkeit noch unberührt; erst wenn es der Künstler sich in einem bestimmten Stoffe vorstellt, tritt er in das zweite Stadium seiner schaffenden Thätigkeit. Auf dieser zweiten Stufe vollzieht sich nun auf der einen Seite eine wesentliche Umgestaltung des inneren Bildes durch die sich immer von neuem aufdrängende Wirklichkeit, auf der anderen Seite ist es aber auch das innere Bild der productiven Einbildungskraft, welches die Wirklichkeit einer durchgreifenden Aenderung unterwirft, denn d i e s c h ö n e K u n s t z e i g t d a r i n e b e n i h r e V o r z ü g l i c h k e i t, d a s s s i e »D i n g e, d i e i n d e r N a t u r h ä s s l i c h o d e r m i s s f ä l l i g s e i n w u r d e n, s c h ö n b e s c h r e i b t.«

So liegt es in der Natur der Kunst, dass sie für die Gegensätze von Idee und sinnlicher Wirklichkeit eine höhere Einheit schafft, indem sie beide mit einander verschmilzt.

Wenn wir jetzt den Inhalt dieses ganzen Abschnittes »über das Wesen der Kunst« in einigen kurzen Sätzen zusammenfassen wollen, so würde sich etwa folgendes ergeben:

Unser Wohlgefallen am Schönen hat seinen letzten Grund in der Teilnahme der Objecte an der ästhetischen Idee; die Kunst (d. h. die Objectivierung der ästhetischen Idee in dem Stoffe der Sinnlichkeit) geschieht durch das Genie (d. h. ein Subject, welches das Vermögen der Darstellung ästhetischer Ideen besitzt).

War dieser Abschnitt der schönen Kunst, insofern sie auf Bedingung a priori beruht, gewidmet, so beschäftigt sich der jetzt folgende mit der schönen Kunst, insofern sie in der empirischen Wirklichkeit existiert, wie die folgende Inhaltsangabe zeigen wird.

### α. Inhaltsangabe.

Von den schönen Künsten. § 51-54.

Die Schönheit überhaupt kann man als den Ausdruck ästhetischer Ideen definieren. Nun hat der Mensch drei verschiedene Arten des Ausdrucks, wenn er ausser dem begrifflich Erfassbaren auch den Gehalt seiner Empfindung mitteilen will: er drückt sich nämlich durch W o r t e, durch G e b e r d u n g und durch den T o n d e r S t i m m e aus, dem entsprechend kann man die Künste in 1. redende Künste, 2. bildende Künste und 3. Künste des Spiels der Empfindungen einteilen. Zu den r e d e n d e n Künsten gehört nun a. die Beredsamkeit, welche Kant als die Kunst bezeichnet, »ein Geschäft des ›Verstandes als ein freies Spiel der Einbildungskraft zu betreiben‹, und b. die Dichtkunst, von Kant als die Kunst, ein freies Spiel der Einbildungskraft als ein Geschäft des Verstandes zu treiben‹, definirt.

Die b i l d e n d e n Künste, die Künste der Sinnenanschauung, teilt Kant in die Künste der Sinnenwahrheit und des Sinnenscheins ein ; die Künste der Sinnenwahrheit sind a. die Baukunst, welche einen practischen Zweck voraussetzt, und b. die Plastik, welche einen praktischen Zweck n i c h t voraussetzt. Zu bemerken ist, dass die Plastik die S i n n e n w a h r h e i t nicht soweit treiben darf, dass sie mit der Natur geradezu verwechselt wird und aufhört, als Kunst zu erscheinen.

Die Künste des S i n n e n s c h e i n s sind a. die Malerei, welche als schöne Schilderung der Natur‹ bezeichnet werden kann, während man b. die Lustgärtnerei als ›schöne Zusammensetzung der Producte der Natur definieren wird.

D i e K u n s t d e s s c h ö n e n S p i e l s d e r E m p f i n d u n g gliedert sich, je nachdem das Ohr oder das Auge beim Spiel der Empfindung affiziert erscheint, in a. die Musik, b. die Farbenkunst.

Nun wird das Spiel der Empfindung dadurch hervorgerufen, dass die Spannungen des Sinnes wechseln ; der Grad der Stimmung des Sinnes, (der T o n des Sinnes) ist in den einzelnen Momenten ein verschiedener. Ob aber das Spiel der Empfindung in der Beurteilung gefällt oder durch die blosse sinnliche Wahrnehmung, ob also Musik und Farbenkunst zu den schönen oder zu den angenehmen Künsten gerechnet werden müssen : lässt sich nicht mit völliger Sicherheit entscheiden. Immerhin scheint für die erste Annahme zu sprechen, dass der Musik und der Farbenkunst als unumgängliche Bedingung mathematische Proportionen zu Grunde liegen, und dass einzelne Menschen trotz des besten Gehörs und des schärfsten Gesichts das Vermögen der Unterscheidung von Tönen und Farben nicht haben, dass für diejenigen aber, welche es besitzen, der Unterschied der Töne (respective

Farben) nicht ein Gradunterschied, sondern ein qualitativer Unterschied ist, dass endlich die Grenze unseres Beurteilungsvermögens für Töne und Farben sich genau feststellen lässt. Demzufolge werden wir Musik und Farbenkunst zu den schönen Künsten rechnen.

Verschiedene schöne Künste können nun in e i n e m Kunstwerk verbunden sein. So ist die Beredsamkeit mit der malerischen Darstellung im S c h a u s p i e l verbunden, das Schauspiel wiederum mit der M u s i k in der O p e r; die Musik mit dem Spiel der Gestalten im T a n z. Ebenso kann sich das Schöne und das Erhabene in e i n e m Product vereinigen, wie das Lehrgedicht, das gereimte Trauerspiel und das Oratorium zeigen. Während aber schöne Kunst mit dem Reiz unvereinbar ist, muss sie mit moralischen Ideen nah oder fern in Verbindung stehen.

Will man die schönen Künste hinsichtlich ihres ästhetischen Wertes vergleichen, so wird man den e r s t e n Platz der D i c h t - k u n s t anweisen. Sie erlaubt es, eine ganze Fülle ästhetischer Ideen mit e i n e m Begriffe zu verbinden, sie regt also das Subject zu einer lebhaften Selbstthätigkeit an und erhebt es der Natur gegenuber, die jetzt von dem Subject nur noch als ein Schema des Uebersinnlichen angesehen wird.

Die D i c h t k u n s t giebt mehr, als sie verspricht; sie will ein blosses Spiel der Einbildungskraft zur Darstellung bringen und befriedigt doch zugleich den Verstand; dagegen giebt die B e r e d s a m k e i t als schöne Kunst weniger, als sie verspricht; sie will ein Geschäft des Verstandes treiben; wir erwarten also strenge Wahrheit von ihr, sie aber hintergeht uns, indem sie uns durch die »Ueppigkeit« des Witzes und der Einbildungskraft zu bestimmen sucht.

Neben der Dichtkunst würde der zweite Platz der Musik gebuhren, wenn man allein die »Bewegung des Gemüts« in Rechnung zieht, welche bei dem Anhören der Musik vielleicht noch heftiger ist, wie bei dem Genusse der Werke der Dichtkunst; zieht man dagegen die »Cultur der Gemütskräfte in Betracht, so hat die Musik, welche dem Verstand fast keine Beschäftigung bietet, den untersten Platz in der Reihenfolge der Künste. Das Wesen der Musik wird man sich am besten deutlich machen, wenn man bedenkt, dass beim Sprechen der T o n d e r S t i m m e

— abgesehen von den Begriffen, welche die Worte ausdrücken — einen G e f ü h l s w e r t hat, indem der T o n des Sprechenden sich dem Hörenden als Affect mitteilt. Diese M o d u l a t i o n ohne directe Beziehung auf einen begrifflichen Inhalt ist die Sprache der Tonkunst. Wenn nun die Tonkunst gleichwohl nicht nur in der Empfindung, sondern auch in der Reflexion gefällt, so ist dies auf den Umstand zurückzuführen, dass die Musik einer mathematischen Grundlage bedarf. Es ist gleichsam die logische Seite der Musik, dass sie an feste Proportionen, welche in Zahlen ausgedrückt werden können, in Harmonie und Melodie gebunden ist. Wenn man aber die B e w e g u n g des Gemüts aus dieser mathematischen Grundlage der Musik erklären wollte, so würde man irren ; in directer Beziehung steht diese zu unserem Wohlgefallen nicht, sie ist vielmehr nur die unumgängliche Bedingung desselben.

Die Musik ist transitorisch, d. h. der durch sie hervorgerufene Eindruck kann nur vermittelst des Gedächtnisses festgehalten werden, die bildenden Künste fixieren dagegen die ästhetische Idee so, dass sie zu b l e i b e n d e m E i n d r u c k« dieselbe verkörpern. Die Musik lässt uns von Empfindung zu unbestimmten Ideen schreiten, die bildenden Künste lassen uns von bestimmten Ideen zu Empfindungen übergehen. Die Malerei, welche »als Zeichenkunst« den übrigen bildenden Künsten zu Grunde liegt, verdient unter diesen den e r s t e n Platz.

Der nächste Parapraph, welcher als Anmerkung diesem Abschnitt beigefügt ist, enthält eine Besprechung »des Spiels der Empfindung«, ohne Rücksicht darauf, ob es in der Kunst oder anderweitig zum Ausdruck kommt. Das Spiel der Empfindung teilt Kant in das Glücksspiel, das Tonspiel und das Gedankenspiel ein ; von dem Farbenspiel sieht er an dieser Stelle ab. Das G l ü c k s s p i e l führt stets ein Interesse (des Gewinnens) bei sich. es erhält jedoch seinen wahren Reiz erst durch die Abwechselung der dabei erregten Affecte der Freude, der Hoffnung, des Hohns etc. Das T o n s p i e l gefällt ohne Interesse ; sein Reiz liegt ebenfalls in dem Wechsel der Empfindungen, welches es erregt. Von rein körperlichen Empfindungen geht es zu ästhetischen Ideen über ; die von diesen ausgehende Anregung führt aber wiederum körperlich Lust mit sich. Das G e d a n k e ns p i e l erregt ein interesseloses Wohlgefallen durch den Wechsel der Verstandesvorstellungen. Dieses Spiel beginnt mit Gedanken, welche zunächst den Verstand angelegentlich beschäftigen; da dieser jedoch bei dieser Beschäftigung seine Rechnung nicht findet, lässt er in seiner Thätigkeit nach und eben dieses Nachlassen führt eine körperliche Erregung bei sich, welche im Lachen zum Ausbruch kommt. Das Lachen ist ein Affect aus der plötzlichen Verwandlung einer gespannten Erwartung in nichts.« Das Wohlgefallen am Gedankenspiel, die Heiterkeit wird also lediglich dadurch hervorgerufen, dass ein Spiel der Vorstellungen im Körper das Gleichgewicht der Lebenskräfte herstellt. Das Talent, dieses Gedankenspiel hervorzurufen nennt man Witz (Originalität der Laune).

Eine eigene Färbung erhält das Gedankenspiel, wenn es in der von uns beobachteten Naivetät seinen Grund hat; dann mischt sich zu der (grössten Teils auf körperlichen Ursachen beruhenden) Heiterkeit ein Gefühl der moralischen Hochschätzung. Ein Talent zur Naivetät ist ohne inneren Widerspruch nicht denkbar; dagegen nennt man die Gabe, sich willkürlich in eine gewisse Gemutsdisposition (z. B. die der Heiterkeit) zu versetzen, Laune im guten Sinn.

## ß. Besprechung.

Dieser Entwurf einer Kunstlehre, den wir in dem eben inhaltlich dargestellten Abschnitt der Kritik der Urteilskraft zu sehen haben, macht von vornherein nicht den Anspruch, etwas Mustergültiges zu bieten; es ist vielmehr seiner von den mancherlei Versuchen, die man noch anstellen kann und soll.[1]) Es wird hier eine Einteilung der schönen Künste vorgeschlagen, welche von den neueren Versuchen auf diesem Gebiete längst überholt ist. Die Neigung Kants künstliche Symetrie in seinen Dispositionen herzustellen, tritt auch hier hervor; seinen drei Hauptteilen mussen je zwei Teile untergeordnet sein, obwohl häufig der Stoff eine derartige Gliederung geradezu verbietet.

---

[1]) Vgl. Kritik der Urteilskraft, ed. Hartenstein Bd. V S. 333 Anmerkung; ed. Rosenkranz u. Schubert Bd. IV S. 196 Anm.

Das ganze Einteilungsprincip, wonach die Künste in redende, bildende und auf dem Spiel der Empfindung beruhende Künste nach Analogie des Ausdruckes durch Articulation, Gesticulation und Modulation eingeteilt werden, ist aus mannigfachen Gründen unhaltbar.[1])

1. Die redende Kunst entspricht der Articulation nicht vollständig, weil sie eine Vereinigung von Articulation und Modulation bei ihrer Darstellung (Reproduction) voraussetzt; redende Künste giebt es aber überhaupt nicht, sondern nur eine redende Kunst, die Dichtkunst, welcher die Beredsamkeit, insofern sie Kunst ist, untergeordnet werden muss.

Der Zusammenhang zwischen der Gesticulation und der bildenden Kunst im Ganzen ist schwer einzusehen; die Gesticulation und die Mimik haben enge Verwandtschaft,[2]) von den bildenden Künsten ist es hingegen allein die Plastik, (welche ein Moment der Geberdung und Bewegung des menschlichen Körpers festhält,) die mit der Gesticulation eine gewisse Verwandtschaft zeigt. Das eigentliche Wesen der bildenden Künste aber: dass sie den ästhetischen Gehalt für die Raum auffassende Thätigkeit des Subjectes dauernd fixieren, ist durch den von Kant vorgeschlagenen Parallelismus nicht deutlich gemacht. Für die bildenden Künste die Zweiteilung (in Künste der Sinnen wahrheit und des Sinnen scheines) festzuhalten ist äusserst misslich. Künste der Sinnenwahrheit giebt es überhaupt nicht; wenn man der Kunst Sinnen wahrheit zuschreiben will, so liegt darin ein innerer Widerspruch, da es in dem Wesen der Kunst liegt, dass sie Sinnen schein bietet; wenn man daher auch ein Statue,

---

[1]) An Stelle dieses Einteilungsprincipes ist jetzt die Einteilung nach dem Princip der Raum-, resp. Zeit- (oder Raum- und Zeit-) Auffassung getreten. Danach zerfallen die Künste in bildende und fortschreitende Künste:

a. bildende Künste sind:      b. fortschreitende Künste sind:
1. Die Architektur.      1. Die Mimik.
2. Die Plastik.      2. Die Dichtkunst.
3. Die Malerei.      3. Die Musik.

Vgl. G. Glogau, Abriss der philosophischen Grundwissenschaften Bd. II § 266 S. 353 flg.
[2]) Die Gesticulation als Kunst würde einen Teil »der Mimik« ausmachen.

ein Gebäude befassen und sich so von seiner sinnlichen Wirklichkeit überzeugen kann, so ist dieser Umstand doch für die ästhetische Betrachtung des Objectes durchaus von keiner Wichtigkeit. Wenn weiterhin der Malerei die Lustgärtnerei nebengeordnet wird, so geschieht dies eben nur der Symmetrie zu Liebe; denn wenn man die Lustgärtnerei[1]) als Kunst bezeichnen will, so kann man sie höchstens als eine Art Decorationsmalerei der Malerei unterordnen.

Von den Künsten des Spiels der Empfindung wollen wir nur die Musik in den Kreis unserer Betrachtung ziehen, die Farbenkunst scheint uns, als »technische Vorkunst«, zu der Malerei[2]) gerechnet werden zu müssen; dass sie hauptsächlich aus Gründen der Symetrie der Musik nebengeordnet ist, bedarf keiner besonderen Erwähnung.

Nun erscheint allerdings die Analogie zwischen der Musik und der Modulation beim Sprechen einer gewissen Berechtigung nicht zu entbehren; denn hier geht parallel der begrifflichen Auseinandersetzung, gleichsam erläuternd, ein Heben und Senken der Stimme, welches in ähnlicher Weise, wie die Musik, eine Abwechselung von Höhe und Tiefe, Stärke und Schwäche des Tons enthält. Gleichwohl reicht diese Verwandtschaft zwischen der Modulation der Sprache und der Musik nicht aus, um die Kantische Disposition[3]) zu rechtfertigen. Hingegen werden wir unter diesem Gesichtspunkt die enge Verbindung, welche die Dichtkunst mit der Musik eingehen kann, am leichtesten begreifen. Wir müssen bei der Musik noch einen Augenblick verweilen, um die Ansicht Kants von dem ästhetischen Werte derselben einer Prüfung zu unterziehen.

Kant ist der Meinung, dass der Musik der zweite Platz neben der Dichtkunst, wenn nicht gar der erste Platz in der Reihenfolge der Künste, gebühre, falls man nur die Bewegung, welche das Gemüt erfahre, in Rechnung ziehe; da aber durch

---

[1] Insofern sie in Teppichbeten etc. malerische Wirkungen hervorbringt.

[2]) Wenn die »Farbenkunst« z. B. im Feuerwerk als eine Art fortschreitende Kunst erscheint, so verdient sie doch als zu unwichtig in dem Gesammtgebiet der Kunst den Platz neben der Musik nicht.

[3] Wenn im ganzen für die Disposition Kant's nur ein Moment spricht, so fällt dieses bei der Menge der Gegengründe natürlich nicht in's Gewicht.

die Musik der Verstand nicht befriedigt werde, müsse man sie
als die letzte, die Cultur der Gemütskräfte am wenigsten för-
dernde, Kunst bezeichnen. Das ist ein Ausspruch, welcher für
einen Philosophen der Aufklärungsperiode äusserst charakteristisch
ist! Die Cultur der Gemütskräfte wird nur gefördert, wenn der
Verstand Arbeit erhält! Als ob die Kunst nicht genug für die
Ausbildung unserer Gemütskräfte leistete, wenn sie uns über die
Sorge und Arbeit des täglichen Lebens ,in das Reich des Ideals
hochhinaufhebt. [1]) Wohl ist es wahr, dass die Musik, von Begriffen gänzlich abgetrennt, das ,Wissen« nicht direct fördert.
Gleichwohl werden wir ihr den ersten Platz unter den Künsten
anweisen ; denn gerade der Umstand, dass sie nicht Begriffe zu
dem Material ihrer Darstellung zu rechnen hat, macht sie fähig
für den Ausdruck des tiefsten schon seiner Natur nach gestalt-
losen Gehaltes.« [2])

In dem als Anmerkung diesem Abschnitt beigefügten § 54
interessiert uns hauptsächlich die Definition des durch Witz und
Humor erregten Lachens; eine Erklärung dieses Vorgangs ist
Kant völlig misslungen, wie es nicht anders möglich war, da
Kant zu einem Eindringen in diesen Gegenstand die notwendigen
Vorbedingungen fehlten ; denn erst auf Grund einer Feststellung
der möglichen Beziehungen zwischen Idee und Wirklichkeit kann
ein Begreifen der gemischten ästhetischen Gefühle,
zu welcher das Lächerliche und das Erhabene gerechnet werden
muss, gelingen. Wir werden bei unserer Besprechung des Erhabenen auf die hier gegebene Kantische Definition des Lachens
zurückkommen und sie zu widerlegen versuchen. Jetzt wollen
wir den streng genommen nicht hierher gehörigen § 54 verlassen, um zu einer Besprechung der Dialektik der ästhetischen
Urteilskraft, welche in den jetzt folgenden drei Paragraphen enthalten ist, überzugehen.

---

[1]) Vgl. G. Glogau, Abriss der philosoph. Grundwissenschaften Bd. II
S. 318.
[2]) Vgl. G. Glogau, Abriss der philos. Grundwissenschaften Bd. II
S. 407.

2. Dialektik der ästhetischen Urteilskraft.

(ed. Hartenstein Bd. V, S. 348—357: ed. Rosenkranz u. Schubert
Bd. IV, S. 212--229.)

Bei der Inhaltsangabe, welche wir einer Besprechung dieses
Abschnittes der ästhetischen Urteilskraft vorausschicken wollen,
werden wir uns ganz besonders kurz fassen können, da wir von
der Bedeutung der Dialektik, insofern sie eine eigentümliche
Methode der Behandlung des Stoffes voraussetzt, bereits gesprochen
haben; wir sind daher einer Inhaltsangabe des § 55, welcher
eine Rechtfertigung dieses Verfahrens zu bieten versucht, über-
hoben; ebenso übergehen wir die dem § 56 angefügten Anmer-
kungen, welche auf der einen Seite bereits Gesagtes wiederholen
und auf der andern Seite allgemein-philosophische Erörterungen
enthalten, welche mit unserem Thema nicht in einem engeren
Zusammenhang stehen. Wir beschränken uns also darauf, den
Inhalt von § 56 und § 57 in aller Kürze anzugeben und dann
zu beurteilen.

## α. Inhaltsangabe.

Eine Antinomie besteht, wie wir sahen, darin, dass zwei
Sätze, von denen ein jeder auf allgemeine Giltigkeit Anspruch
macht, als sich widersprechend einander gegenüber gestellt werden.
Für die Principien, auf welchen das Gemacksurteil beruht,
ergiebt sich nun ein derartiger Widerspruch in den folgenden
zwei Behauptungen:

1. Thesis. Das Geschmacksurteil beruht nicht auf
Begriffen, denn dasselbe lässt sich nicht durch Beweise begründen.

2. Antithesis. Das Geschmacksurteil beruht auf Begriffen, denn es macht Anspruch auf die notwendige Uberein-
stimmung anderer mit diesem Urteil.

Diese Antinomie löst Kant auf, indem er einen logischen[1])
Fehler aufdeckt, welcher sich in derselben befindet; die Thesis
braucht nämlich den Ausdruck Begriff in anderem Sinn, als

---

[1]) Nämlich »quaternio terminorum.«

die Antithesis: in der Thesis ist Begriff« mit V e r s t a n d e s -
begriff, in der Antithesis mit V e r n u n f t begriff gleichbedeutend.
D i e  T h e s i s  h a t  r e c h t , wenn sie behauptet, dass das
Geschmacksurteil durch Beweise nicht gestützt werden könne,
folglich nicht auf bestimmten Verstandesbegriffen beruhe; andrerseits h a t  a b e r  a u c h  d i e  A n t i t h e s i s  r e c h t , wenn sie
behauptet, das Geschmacksurteil müsse sich auf i r g e n d  w e l -
c h e n  Begriff gründen, da sonst eine notwendige Übereinstimmung
in Sachen des Geschmacks nicht gefordert werden könne. Dieser
Begriff aber, welchen die Antithesis nicht näher bezeichnet, ist
eben kein Verstandesbegriff, auf den man sich bei einem Beweise
stützen könnte, sondern ein unbestimmter V e r n u n f t begriff von
dem Übersinnlichen, welches dem schönen Object und auch dem
urteilenden Subjecte zu Grunde liegt. Wollte man aber die Behauptung der Thesis, dass das Schöne nicht auf Begriffen beruhe,
in der strengen Auslegung festhalten, dass man auch die Vernunftbegriffe ausschlösse, so würde man das Schöne mit dem
Angenehmen identificieren, von dem es specifisch verschieden ist.

Wollte man andrerseits mit der Behauptung der Antithesis,
dass das Schöne auf Begriffen beruhe, den Sinn verbinden, dass
man dasselbe auf b e s t i m m t e  Begriffe gründete, so würde man
das Schöne dem Vollkommenen gleichsetzen, was ebenfalls irr-
tümlich ist.

So ist nun auch indirect bewiesen, dass d a s  S c h ö n e
s i c h  n u r  a u f  e i n e n  u n b e s t i m m t e n  V e r n u n f t b e g r i f f
g r ü n d e n  k a n n . Die Antinomie des Geschmackes hat so ihre
endgültige Lösung gefunden.

### β. B e s p r e c h u n g .

Wenn wir die Dialektik der ästhetischen Urteilskraft jetzt
einer Kritik unterziehen, so übergehen wir den schon mehrfach
hervorgehobenen Einwurf gegen die Einteilung der ästhetischen
Urteilskraft in Analytik und Dialektik, welche Kant nötigt, die
Hauptfrage der Analytik hier zum zweiten Mal zu einer mit der
ersten nicht völlig congruenten Lösung zu führen. Das ist ein
Fehler, welcher das Verständnis des ganzen Werkes in hohem
Grade erschwert, wo nicht für den unbefangenen Leser unmög-

lich macht. Hiervon wollen wir jedoch jetzt absehen, um uns den Gedankeninhalt dieses Abschnittes klar zu machen und die Fäden rückwärts zu verfolgen, welche ihn mit der Analytik der ästhetischen Urteilskraft verbinden.

Der Gewinn, welchen wir aus der Dialektik der ästhetischen Urteilskraft für die Bestimmung des Schönen ziehen, lässt sich in dem Satz zusammenfassen: Unser Wohlgefallen am Schönen der Natur sowohl als der Kunst — welches in der Analytik der ästhetischen Urteilskraft bereits als ein allgemeines und notwendiges bezeichnet war — hat seinen letzten Grund in der Teilnahme der Gegenstände an der ästhetischen Idee. Etwas Neues und bisher nicht wenigstens schon Angedeutetes bietet uns Kant mit dieser Behauptung nicht, aber mit voller Präcision und in vollem Umfang wird sie erst hier ausgesprochen. Denn in § 42 (vom intellectuellen Interesse am Schönen) wurde zwar bereits angedeutet, dass die Naturschönheit ein Interesse der Vernunft mit sich führe, dass sie also gefalle, »sofern sie an der Idee teilnimmt,« für die Kunstschönheit wurde dagegen an jener Stelle ein solches Interesse der Vernunft in Abrede gestellt. Umgekehrt wurde in § 48 (vom Verhältnis des Genies zum Geschmack) behauptet, dass die Natur durch ihre blosse Form gefalle, während das Wohlgefallen an der Kunst in der Teilnahme ihrer Objecte an der Idee seinen Grund habe.

Das Einseitige, welches jede dieser Auffassungen hat, wird in der Dialektik der ästhetischen Urteilskraft zurückgenommen. Durch die hier gegebenen Auseinandersetzungen wird es klar, dass ein specifischer Unterschied zwischen dem Schönen der Kunst und dem der Natur nicht existiert, indem beide ihr Anrecht auf ein notwendiges und allgemeines Gefallen darauf gründen, dass sie die Idee symbolisch darstellen.

Wichtig erscheint es mir, dass wir auf der so gewonnenen Grundlage zu einem tieferen Verständnis des sensus communis gelangen können. Unter sensus communis versteht Kant ein einheitliches allen Menschen gemeinsames Vermögen für die Beurteilung gewisser Formen der Natur sowohl, wie der Kunst. Nun lässt es Kant, wie wir sahen, unentschieden. Ob es in der That einen solchen Gemeinsinn als constitutives Princip der

>Erfahrung gebe, oder ein noch höheres Princip der Vernunft es
>uns zum regulativen Princip mache, allererst einen Gemeinsinn
>zu höheren Zwecken in uns hervorzubringen.«[1]) Das hier noch
als ungelöst hingestellte Problem hat in der Dialektik der ästhetischen Urteilskraft seine Lösung gefunden. Wenn nämlich das
oberste Princip des Geschmackes eine Idee ist, wenn aber die
Ideen ihrem Wesen nach nicht willkürlich erdichtet sondern
>durch die Natur der Vernunft selbst aufgegeben« sind[2]), so ist
auch das Beurteilungsvermögen für die äussere Form, in dessen
Einhelligkeit der sensus communis besteht, gleichfalls eine Aufgabe[3]), >ein noch zu erwerbendes künstliches Vermögen[4]).« Denn
dieses Beurteilungsvermögen ist die unumgängliche Bedingung für
»den Gebrauch« der ästhetischen Idee. Dass nun die Ideen der
Vernunft überhaupt zwar als einzelne Seiten unseres übersinnlichen
Wesens der Anlage nach vorhanden sind, dass aber erst ein
langer Entwickelungsprocess vorausgehen muss, bevor sie in Kunst
und Leben sichtbar werden, dieser Gedanke, welcher auch für
die eben berührte Frage von grosser Wichtigkeit ist, erscheint
bei Kant nirgends mit voller Deutlichkeit ausgesprochen, wenn
man ihn auch häufig zwischen den Zeilen lesen kann.

Dieser Abschnitt der Kritik der Urteilskraft enthält nun
erst die volle Rechtfertigung für die Behauptung der Einleitung,
dass das Gebiet der ästhetischen (und teleologischen) Betrachtungsweise die Vermittelung zwischen dem Gebiet der Natur und
der Freiheit bilde. Die ästhetische Idee ist eine innere Anschauung der Einbildungskraft  von dem Übersinnlichen, das dem
Gegenstande und auch dem urteilenden Subjecte als Sinnen-

---

[1]) Kritik der Urteilskraft ed. Hartenstein Bd. V S. 246; ed. Rosenkranz u. Schubert Bd. IV S. 92.

[2]) Vgl. Kritik der reinen Vernunft, ed. Hartenstein Bd. III S. 265;
ed Rosenkranz u. Schubert Bd. II S. 263.

[3]) Vgl. Kant's »Anthropologie in pragmatischer Hinsicht, I Th. II. Bd.,
ed. Hartenstein S. 563; ed Rosenkranz u. Schubert Bd. VII S. 161, wo
diese Auffassung des sensus communis eine Bestätigung findet: »die Wahl
»nach diesem (dem ästhetischen) Wohlgefallen steht der Form nach unter
»dem Princip der Pflicht.«

[4] Vgl. Kritik der Urteilskraft, ed. Hartenstein Bd. V S. 246; ed.
Rosenkranz u. Schubert Bd. IV S. 92.

»object mithin als Erscheinung zum Grunde liegt[1].« Sie ist
die Ahnung, dass es Formen der Wirklichkeit gebe, die über
dem sinnlich-endlichem Dasein gelegen, dennoch das wahre Wesen
des Menschen einschliessen[2]. In der ästhetischen Idee also
berühren sich Sinnlichkeit und Übersinnliches, das Gebiet der
Natur und das der Freiheit; der ahnende Geist überfliegt die
Schranken der alltäglichen Wahrnehmung und sieht die Natur
den Zwecken der Freiheit angepasst; er erfasst das Füreinander
sein« der Natur und des (sittlichen) Willens.

Indem aber in diesem Capitel zwischen dem Übersinnlichen,
welches den Objecten, und dem, welches dem Subjecte zu Grunde
liegt, unterschieden wird, stehen wir hier auf dem Boden eines
bedingten Idealismus. Das nächste Capitel, zu dessen Inhaltsangabe wir jetzt übergehen, zeigt Kant auf einem hiervon ab-
weichenden Standpunkt.

3. Vom Idealismus der Zweckmässigkeit der
Natur und Kunst und von dem Schönen als dem
Symbol des Sittlichguten. § 58 u. 59.

Wir behandeln diese beiden Paragraphen zusammen, weil
sie — beide zusammengenommen eine letzte vollständige
Begründung des Wohlgefallens durch ästhetische Ideen geben
sollen. —

§ 58 untersucht die Frage, ob dieses Wohlgefallen an den
Objecten einen Anhaltspunkt habe; das Resultat desselben ist
negativ.

§ 59 beschäftigt sich mit der Frage, ob das ästhetische
Wohlgefallen mit dem sittlichen Wohlgefallen in Zusammenhang
stehe; sein Resultat ist positiv.

Auch bei der Besprechung dieses Abschnittes wollen wir
eine kurze Inhaltsangabe vorausschicken, bevor wir die wichtigsten
Punkte hervorheben und beurteilen.

---

[1] Kritik d. Urteilskraft, ed. Hartenstein Bd. V S. 351; ed. Rosenkranz u. Schubert Bd. IV S. 216.
[2] G. Glogau: Grundriss der Psychologie § 217 S. 114.

α. Inhaltsangabe.

In der Kritik des Geschmacks, so ungefähr beginnt Kant, giebt es ein Princip des Empirismus, welches die ästhetische Lust auf Gründe a posteriori zurückführt, und ein Princip des Rationalismus, welches das Wohlgefallen am Schönen von Gründen a priori herleitet; dem Princip des Rationalismus folgen wir, ohne das Geschmacksurteil jedoch auf bestimmte Begriffe zu gründen.

Das Princip des ästhetischen Rationalismus lässt uns die Möglichkeit, entweder den Realismus der Zweckmässigkeit von Natur und Kunst oder den Idealismus der Zweckmässigkeit anzunehmen.

Der Unterschied zwischen diesen beiden Annahmen besteht nun darin, dass durch die erstere unser ästhetisches Wohlgefallen auf einen in der Natur (respective Kunst) liegenden Zweck zurückgeführt wird, während durch die andere die ästhetische Lust als eine ohne Zweck«, zufälliger Weise sich hervorthuende zweckmässige Übereinstimmung« der Objecte der Natur oder Kunst mit dem Bedürfnis unserer Urteilskraft bezeichnet wird: der Realismus der Zweckmässigkeit setzt ein Causalverhältnis zwischen dem schönen Object und der ästhetischen Lust voraus, der Idealismus der Zweckmässigkeit leugnet ein solches.

Nun scheinen für den ästhetischen Realismus die mannigfachen Bildungen im Reiche der organischen Natur zu sprechen, welche für unser Auge wohlgefällig sind, ohne durch das Bedürfnis des Organismus des Objectes gefordert zu sein so die prächtigen Farben, welche das Gefieder mancher Vögel schmücken. Doch kann man gegen diese Vermutung einwenden, dass die Vernunft selbst in ihrem Streben, die Vervielfältigung der Principien zu vermeiden[1]), einer solchen Annahme entgegen ist, und dass ferner auch die anorganische Natur ästhetisch-wohlgefällige Objecte in Menge erzeugt, ohne zu der Annahme zu berechtigen, dass ihre Gebilde anders als aus bloss mechanischen Ursachen zu erklären seien. Der Idealismus der Zweckmässigkeit des Schönen wird aber dadurch geradezu als das einzig mögliche Princip für

---

[1]) »Principia praeter necessitatem non sint multiplicanda.«

die Beurteilung des Schönen gesichert[1]), dass wir das oberste
Richtmass für die ästhetische Beurteilung in uns und nicht in den
Objecten suchen, dass mit anderen Worten die ästhetische Urteilskraft in Bezug auf den Geschmack gesetzgebend ist. Wollen wir
dies nicht zugestehen, so müssen wir zugeben, dass wir von der
Natur lernen könnten, was schön sei; das Geschmacksurteil würde
dann also empirisch sein; das widerspricht dem von uns ein-
genommenen Standpunkt; so ergiebt sich denn, dass die S c h ö n-
h e i t  d e r  N a t u r  a u f  der  G u n s t  b e r u h t,  m i t  w e l c h e r
w i r  s i e  a u f n e h m e n,  u n d  n i c h t  a u f  d e r  G u n s t,
w e l c h e  s i e  u n s  z u  t e i l  w e r d e n  l ä s s t.  Wenn nämlich
das Schöne der Natur auf einem Naturzweck beruhte, so würde das Geschmacksurteil nicht frei« sein, » wie einemGeschmacksurteil geziemt.

Was aber für die Schönheit der Natur gilt, gilt mit gleichem
Recht für die Schönheit der Kunst. Der Umstand allein schon,
dass schöne Kunst nicht als Product des Verstandes, sondern nur
als Erzeugnis des Genies möglich ist, beweist, dass ein beabsich-
tigter Zweck, unser Wohlgefallen zu erregen, in der Kunst nicht
vorliegt. Die allgemeine Gültigkeit des Schönen lässt sich aber
nur aus dem Idealismus der Zweckmässigkeit erklären.

Das Resultat dieses Abschnittes ist also: d a s  W o h l-
g e f a l l e n  a m  S c h ö n e n  i s t  v o n  d e n  s o g e n a n n t e n
s c h ö n e n  O b j e c t e n  n i c h t  a b h ä n g i g.

Den Zusammenhang, welcher zwischen dem Wohlgefallen
am Schönen und den am Guten besteht, will uns Kant in dem
jetzt folgenden § 59 zeigen: zu diesem Zweck muss er etwas
weiter ausholen.

Um die Realität eines Begriffes zu beweisen, werden stets
Anschauungen gefordert. Nun hat man zur Versinnlichung e m-
p i r i s c h e r  Begriffe  Beispiele«, zur Darstellung reiner Ver-
standesbegriffe »Schemate« und zur indirecten) Veranschaulichung
vonVernunftbegriffen Symbole.«Beiderzuletztgenannten indirecten«
Darstellung der Vernunftbegriffe wollen wir verweilen. Einem Vernunftbegriff kann nie eine gegebene Anschauung entsprechen, will man ihn
aber doch sinnlich darstellen, so kann das nur indirect, durch s y m-
b o l i s c h e  D a r s t e l l u n g  geschehen, welche »auf der Über-

---

[1]) Eine  B e u r t e i l u n g  dieser Schlussfolgerungen folgt in der Besprechung dieses Abschnittes.

-tragung der Reflexion über einen Gegenstand der Anschauung auf einem ganz anderen Begriff, dem vielleicht nie eine Anschauung direkt correspondieren kann,« beruht. So würde sich z. B. ein monarchischer Staat, welcher durch innere Volksgesetze regiert wird,- durch einen beseelten Körper symbolisch darstellen lassen, während derselbe Staat durch einen einzelnen, absoluten Willen regiert, durch eine Maschine passend versinnbildlicht würde. Diese anscheinend weit abliegenden Betrachtungen führen Kant zu der Behauptung:

»Die Schönheit ist das Symbol der Sittlich-keit und nur in Rücksicht hierauf gefällt sie allgemein[1].«

Weil nun das Schöne eine indirekte Darstellung des Guten ist, wird sich das Subject bei der ästhetischen Betrachtung der Objecte einer Erhebung über die Empfänglichkeit für rein sinnliche Lust bewusst, das Subject schätzt aber demzufolge das Vermögen ästhetischen Empfindens, wo es dasselbe bei anderen wahrnimmt. Dieses reine Wohlgefallen erhält sein Gesetz von der Urteilskraft, dasselbe lässt uns des Übersinnlichen im Subject, in welchem das theoretische« mit dem praktischen« Vermögen auf uns unbekannte Weise verbunden ist, inne werden: es weist uns aber zugleich durch die Möglichkeit einer (mit dem Subject) übereinstimmenden Natur, auf etwas ausser uns, was nicht Natur, auch nicht Freiheit, doch aber mit dem Grunde der letzten, nämlich dem Übersinnlichen, verknüpft ist.

Im Einzelnen finden sich nun folgende Analogien zwischen dem Schönen und dem Guten. Das Schöne, sowie das Gute gefällt unmittelbar, das Schöne gefällt ohne Interesse, das Gute mit einem dem Wohlgefallen folgenden Interesse. Das Wohlgefallen am Schönen besteht darin, dass die Freiheit der Einbildungskraft mit der Gesetzmässigkeit des Verstandes übereinstimmt; die Freiheit des Willens« lässt sich als eine Zusammenstimmung desselben mit sich selbst nach Vernunftgesetzen definieren. Das Wohlgefallen am Schönen hat subjective Allgemein-

---

[1] Vgl. Kant: Anthropologie in pragmatischer Hinsicht, ed. Hartenstein Bd. VI S. 563, ed. Rosenkranz und Schubert Bd. VII S. 162: »Auf diese Weise könnte man Geschmack Moralität in der äusseren Erscheinung nennen.

heit ohne Begriffe, das Wohlgefallen am Guten objective Allgemeinheit durch Begriffe.

Auch der gewöhnlichen Anschauungsweise ist die Analogie zwischen sittlichem und ästhetischem Wohlgefallen geläufig; das zeigt sich, wenn man von »lachenden« Gefilden, »majestätischen« Bäumen, »gewaltigen« Bergen etc. spricht.

### β. Besprechung.

Wir schreiten jetzt zu einer Besprechung dieser beiden Paragraphen; ich habe ihre Inhaltsangabe, abgesehen von den schon angeführten Gründen, direkt nebeneinander gestellt, weil durch diese Zusammenstellung auf das deutlichste die Richtigkeit meiner in der Einleitung ausgesprochenen Behauptung, dass Kant zwischen einer durchaus subjectiven und einer objectiven Begründung des Schönen schwanke, bewiesen wird: in § 58 vertritt Kant die unbedingte Subjectivität des Schönen, in § 59 räumt er ihm eine bedingte Objectivität ein.

Eine Besprechung des Einzelnen wird dies bestätigen.

Die Begriffe Realismus und Idealismus des Schönen sind in § 58 so schroff, wie möglich gefasst. Wir haben es danach entweder mit einem wirklichen Zweck der Natur, unser Wohlgefallen zu erregen, zu thun, oder wir haben eine zufällige« und »sich von selbst hervorthuende Uebereinstimmung ihrer Produkte mit unserem Erkenntnisvermögen. Wir können schon an dieser Stelle vermuten, dass beide Ansichten, die eines schroffen Realismus sowohl, welcher der Natur in ihren einzelnen Producten eine derartige Absicht zuschreibt, wie die eines Idealismus, welches jeden Zusammenhang zwischen den schönen Objecten und unserem Wohlgefallen leugnet, irrtumlich sind. Die Gründe, welche Kant für jede dieser Ansichten anfuhrt, sind leicht zu widerlegen. Wenn wir in einzelnen organischen Bildungen, deren Mechanismus wir nicht erklären können, eine Bestätigung des Realismus des Schönen finden sollen, während die anorganischen Bildungen, deren mechanische Entstehung für uns zu erklären ist, dagegen sprechen sollen, so möchte ich dagegen einwenden, dass es für die ästhetische Betrachtungsweise völlig gleichgültig ist, ob wir die Entstehung der schönen Formen der Natur erklären können, dass aber gleichwohl e i n z e l n e Gebilde uns noch nicht berechtigen, einen Realismus der Zweckmässigkeit der Natur anzunehmen, sondern dass erst eine Betrachtung der Gesammtheit der natürlichen Gebilde, falls sie ein Princip einer derartigen Uebereinstimmung mit dem Bedürfnis unserer Urteilskraft zeigt, uns die Berechtigung giebt, nach einer dem Verstande verborgenen Causalität zwischen Natur und Geist zu suchen.

Der Beweis aber, welchen Kant für den Idealismus der Zweckmässigkeit des Schönen giebt, bewegt sich in einem fortwährenden Cirkel. Wenn Kant sagt, der Idealismus des Schönen werde dadurch bewiesen, dass wir das oberste Richtmass für das Schöne in uns suchen, so führt er zur Begründung seiner Ansicht nur eine Umschreibung von dem an, was erst bewiesen werden soll. Denn wenn wir das oberste Richtmass für die Beurteilung des Schönen lediglich in uns suchen, so setzen wir damit den Idealismus der Zweckmässigkeit bereits voraus ; die Berechtigung dieser Voraussetzung soll aber gerade bewiesen werden. Aehnlich verhält es sich, wenn Kant behauptet, falls wir den ästhetischen Idealismus nicht annähmen, würde das Geschmacksurteil nicht »frei« sein, wie es ihm geziemt. Warum aber geziemt ihm dies? Doch wohl deshalb, weil das Wohlgefallen am Schönen von den Objecten nicht abhängig ist, was wiederum erst bewiesen werden soll.

Wenn Kant endlich behauptet, der Realismus der Zweckmässigkeit des Schönen würde zu einer empirischen Auffassung des Schönen führen, so tritt er hierdurch in Widerspruch mit der zu Beginn dieses Paragraphen ausgesprochenen Behauptung, dass es für eine rationalistische (also nicht empirische) Beurteilung des Schönen z w e i Möglichkeiten gebe, nämlich die des R e a - l i s m u s und die des I d e a l i s m u s.

Die ganze hier gegebene Beweisführung ist durchaus hinfällig, wie denn überhaupt dieser § 58 zu den schwächsten Partien der Kritik der Urteilskraft zu zählen ist.

Für die hier auftretenden schroffen Gegensätze findet Kant in dem nächsten Paragraphen eine Versöhnung. Nach den an dieser Stelle gegebenen Ausführungen ist es zwar nicht ein Zweck der einzelnen Naturproducte, unser ästhetisches Wohlgefallen zu erwecken ; dasselbe ist aber eine in der gemeinsamen übersinn-

lichen Grundlage unseres Wesens und des Wesens der Natur begründete Notwendigkeit: die Idee des Schönen und die des Guten
berühren sich, weil sie eine gemeinsame Wurzel [1] in dem Uebersinnlichen unseres Wesens haben in welchem das theoretische
»mit dem praktischen Vermögen auf uns unbekannte Art zur
Einheit verbunden ist.« [2] Weil aber ein Vernunftbegriff an-
schaulich nur durch das Symbol darzustellen ist, so erscheint das
Schöne als das Symbol des Sittlichguten. Wie aber unser Wesen
eine übersinnliche Grundlage hat, so hat auch die Natur eine
solche, und in der Ausstrahlung dieser liegt der objective Grund
des Schönen. Mit dieser Auseinandersetzung [3] ist sowohl ein
grober Realismus des Schönen, wie ein unbedingter Idealismus
desselben widerlegt.

Auf die einzelnen Analogien zwischem dem Guten und dem
Schönen, welche Kant anführt, wollen wir hier nicht eingehen,
sie sind künstlich und ohne irgend welchen erheblichen Wert für
die Untersuchung.

Wir sind demnach jetzt mit der Behandlung der Frage, ob
»das Schöne bei Kant consequent entwickelt ist« , zum Abschluss [4] gekommen.

Die Einwürfe, welche wir gegen die Kritik der Urteilskraft

[1] Hierzu vgl. eine Stelle in Kants »Anthropologie in pragmatischer
Hinsicht«, an welcher der Zustand des Gemütsvermögen, welcher eine harmonische Vereinigung des theoretischen mit dem praktischen Vermögen darstellt,
als »Seelengüte« bezeichnet ist. In Bezug auf diese sagt Kant: »aber die
»Seelengüte, die reine Form, unter der alle Zwecke sich ver-
»einigen lassen müssen und die daher, wo sie angetroffen wird, gleich
»dem Eros der Fabelwelt erschöpferisch aber auch überirdisch ist — diese
»Seelengüte ist doch der Mittelpunkt, um welchen das Ge-
»schmacksurteil alle seine Urteile der mit der Freiheit des
»Verstandes vereinbaren sinnlichen Lust versammelt.« (Kant's
»Anthropologie« ed. Hartenstein Bd. VI pag. 561, ed. Rosenkranz u. Schubert
Bd. VII pag. 159).

[2] Kritik der Urteilskraft, ed. Hartenstein Bd. V S. 365, ed. Rosenkranz u, Schubert Bd. IV S. 333.

[3] Welche wir im engsten Anschluss an § 59 gegeben haben.

[4] § 60, welcher als Anhang einige Bemerkungen »über die Methode
des Geschmacks« enthält, übergehe ich, da er mit der Entwickelung des »Begriffes des Schönen« durchaus in keinem Zusammenhang steht.

in der Einleitung unserer Abhandlung hervorgehoben hatten, fanden wir bei einer Besprechung des Einzelnen bestätigt. Ueberall waren die Fesseln einer allzu künstlichen D i s p o s i t i o n zu fühlen ; sie waren es, durch welche allenthalben eine widerspruchslose Entwickelung der Gedanken beeinträchtigt wurde. Wir fanden ferner bei einem Durchsprechen des Einzelnen unsere zu Beginn vorgetragenen s a c h l i c h e n E i n w ü r f e gerechtfertigt. Es ergab sich, dass Kant den sinnlichen Charakter des Schönen unterschätzt, dass er ferner bald dem Kunstschönen, bald dem Naturschönen einen höheren ästhetischen Wert zuspricht. Endlich hat uns besonders die Besprechung von § 58 und § 59 gezeigt, dass Kant ein Schwanken zwischen einer bloss subjectiven und einer bedingt objectiven Begründung des Schönen beobachtet.

Auf diese eben nochmals hervorgehobenen Mängel ist es zurückzuführen, wenn es in der Kritik der Urteilskraft nicht zum klaren Ausdruck kommt, dass es im ganzen d r e i F a k t o r e n s i n d , d i e z u s a m m e n w i r k e n m ü s s e n , um das ästhetische Wohlgefallen herbeizuführen ; 1. der Empfindungsgehalt der höheren Sinne, 2. die raum- und zeitauffassende Thätigkeit von Einbildungskraft und Verstand und endlich 3. die Teilnahme der Objecte der Natur und Kunst an der ästhetischen Idee. Wenn demnach auch in der Kritik der Urteilskraft eine einheitliche Lösung der ästhetischen Fragen nicht gelungen ist, so enthält diese doch eine solche Fülle einzelner wertvoller oft tiefverborgen liegender Gedanken, dass ein Eindringen in die in ihr aufgestellten Probleme stets eine Aufgabe der philosophischen Forschung bleiben wird.

# C. Anhang.

Eine Besprechung desjenigen Abschnittes [1]) der Kritik der Urteilskraft, welcher über das Erhabene handelt, erfolgt jetzt in einem Anhang, da das Erhabene, als nicht zu dem Begriff des Schönen im engeren Sinn gehörig, mit dem Thema unserer Abhandlung nur in losem Zusammenhang steht; ausserdem scheint es schon deshalb geboten, dasselbe erst an dieser Stelle zu behandeln, weil ein Verständnis desselben erst möglich ist, wenn eine Besprechung der ästhetischen Idee vorausgegangen ist.

Die Frage, welche die Grundlage für das Verständnis des Erhabenen bildet, lautet: »In welchem Verhältnis kann die ästhetische Idee zur Wirklichkeit stehen?« [2]) Bevor wir sie beantworten, scheiden wir den Fall aus, in welchem ästhetische Idee und Wirklichkeit in gar keiner Beziehung stehen; wir haben es dann mit Formen der Wirklichkeit zu thun, die eine ästhetische Beurtheilung nicht zulassen, wo vielmehr die natürliche oder die ethische Wertschätzung eine Rolle spielen. Wo aber ein Verhältnis zwischen der ästhetischen Idee und der Wirklichkeit obwaltet, sind nur die vier folgenden Fälle möglich. Entweder decken sich 1. die Idee und die Wirklichkeit, d. h. die Wirklichkeit hat eine Veränderung erfahren, die sie zum Ausdruck der ästhetischen Idee befähigt; wir haben es dann mit dem Schönen zu thun, welches ästhetische Freude hervorruft; oder 2. die Wirklichkeit zeigt eine negative Beziehung zur Idee, d. h. sie hat eine Veränderung erfahren, durch welche die Formen,

---

[1]) »Die Analytik des Erhabenen« ed. Hartenstein Bd. V S. 251—287; ed. Rosenkranz u. Schubert Bd. IV S. 97—211. Von einer vorhergehenden Inhaltsangabe dieses Abschnittes sehen wir ab.

[2]) Zu dieser ganzen Auseinandersetzung vgl. G. Glogau, Abriss der philosophischen Grundwissenschaften II. Bd. § 256 S. 337 flg.

die mit der Idee harmonieren würden, eine gewaltsame Ver-
kehrung in ihr Gegenteil erlitten haben; dann haben wir es mit
dem Hässlichen zu thun, welches ästhetisches Leid hervorruft;
oder wir haben 3. in der Natur Formen, die sich teilweise mit
der Idee in Einklang befinden und teilweise nicht; oder wir
haben 4. in der Bewegung befindliche ästhetische Formen und
dann einen Übergang vom Hässlichen zum Schönen oder umgekehrt. Das letzte ruft eine heftige ästhetische Bewegung hervor,
indem wir Lust aus Unlust und umgekehrt Unlust aus Lust entstehen sehen. Um die zwei letzten Kategorien handelt es sich beim
Erhabenen und beim Komischen[1]). Wir werden uns jedoch hier
begnügen, den psychologischen Vorgang beim Schauen des Erhabenen darzulegen, indem wir Kants hierauf bezüglichen
Ausführungen folgen. Zunächst müssen wir uns allerdings mit
einigen Worten über Kants Unterscheidung von schön‹ und
›erhaben« aussprechen.

Für das Schöne›, sagt Kant, müssen wir einen Grund
ausser uns suchen, für das ·Erhabene lediglich in uns. Diese
Ansicht scheint mir durch die eben gemachten Auseinandersetzungen schon ihre Widerlegung erfahren zu haben: denn es
ist ja eben die Wirklichkeit, welche die von uns angegebenen
Mischformen aufweist; es würde also falsch sein, lediglich im
Subject den Grund für unser Urteil über das Erhabene zu suchen;
nur insoweit darf man Kant Recht geben, als der A u s d r u c k
erhaben nicht sowohl auf die Objecte die rechte Anwendung
findet, als vielmehr auf die Stimmung des Subjectes.

Wichtig und grundlegend ist hingegen folgende von Kant
aufgestellte Parallele zwischen dem Schönen und dem Erhabenen:
Das Schöne führt eine directe Beförderung der Lebenskräfte mit

---

[1]) Durch die hier gegebenen Ausführungen ist die Definition, welche
Kant (S. 543 der Kritik d. U. ed. Hart.) vom Lachen giebt, widerlegt. Das
Lachen ist nicht ein Affect ›aus der plötzlichen Verwandlung einer gespannten
Erwartung in nichts‹, sondern ein Affect aus der plötzlichen Verwandlung
ästhetischen Leides in ästhetische Freude; das ›Komische‹ ist demnach das
Gegenteil des Erhabenen.

sich, das Erhabene dagegen hemmt zunächst die Lebenskraft, um dann eine um so stärkere Ergiessung derselben herbeizuführen. Damit ist der Charakter des Erhabenen als gemischtes ästhetisches Gefühl treffend bezeichnet: das Erhabene führt von ästhetischer Unlust zu ästhetischer Lust.

Wie ganz ungeeignet für unser Auffassungsvermögen des Raumes scheinen die gewaltigen Bergesriesen; es ist, als ob sie unseren Sinnen Gewalt anthun wollten, die Einbildungskraft bemüht sich vergeblich, so grosse Massen zur Einheit zusammenzufassen und unmutig glaubt sie schon, ihre Bemühungen aufgeben zu müssen, da erwacht in uns plötzlich das Bewusstsein eines anderen Vermögens: was ich als a n s c h a u e n d e s Subject nicht vermag, das kann ich als w o l l e n d e s Subject; wohl hat meine Einbildungskraft ihre Schranken, nicht so die Kraft meines Willens. Was die endliche Natur sich vergeblich bemüht auszudrücken, das Unendliche, das stelle ich ihr gegenüber in meinem wollenden Subject. Mit dem Eintreten dieser Reflexion beginnt das Lustgefühl, welches um so stärker hervorbricht, je stärker die vorhergehende Unlust war.

Das Erhabene nun teilt Kant in das Mathematisch-Erhabene und das Dynamisch-Erhabene. Ich kann mich mit dieser Einteilung nicht vollständig einverstanden erklären, da ich glaube, dass das Mathematisch-Erhabene und das Dynamisch-Erhabene keine sich ausschliessenden Gegensätze sind. Alles Erhabene kann man der Quantität nach auffassen als das schlechthin Grosse, als das einem Messen Widerstrebende: dann aber kann man den Begriff des Masses nicht nur bei der Ausdehnung, sondern auch bei der Kraft anlegen. Andrerseits könnte man davon ausgehen, dass die Unlust im Subject beim Anschauen des Erhabenen nicht nur durch den vergeblichen Versuch der Einbildungskraft, etwas ihr nicht Angemessenes aufzufassen, sondern auch durch die Furcht von der Natur als Macht erregt werde: dann würde man geneigt sein, auch dem unendlich gross Erscheinenden nur insofern Erhabenheit zuzusprechen, als mit der Grösse eine furchterregende Kraft in Verbindung gebracht wird, so dass auch von diesem Gesichtspunkt aus, das Mathematisch-Erhabene und das Dynamisch-Erhabene sich nahe berühren würden.

In jeder Beziehung vorzuziehen scheint mir daher die Einteilung des Erhabenen in 1. das Erhabene der Natur und 2. das Erhabene des Geistes. Ist es doch auch kaum möglich der Kantischen Disposition das Tragische, vor allem aber das Erhabene der sittlichen Grösse einzureihen.

Für das Mathematisch-Erhabene finde ich bei Kant fünf Definitionen, von denen immer die nächstfolgende die vorhergehende ergänzt und erweitert.

Zusammen gehören Definition I und II.

1. »Erhaben ist das schlechthin Grosse« und 2. Erhaben ist das, im Verhältnis zu welchem alles Andere klein erscheint.« Damit ist treffend das Verhältnis des Mathematisch-Erhabenen zur Einbildungskraft bezeichnet. Wir können diese Disposition so umformen, dass wir sagen: »Erhaben ist das, dessen Zusammenfassung zur Einheit das Vermögen der Einbildungskraft übersteigt. Hierher gehört dann auch als dritte Definition: Erhaben ist die Natur in denjenigen ihrer Erscheinungen, deren Anschauung die Idee der Unendlichkeit mit sich führt. Durch diese drei Definitionen wird die Eigentümlichkeit des »erhabenen Objectes (d. h. die wir dem .erhabenen« Objecte vielleicht nur beilegen) charakterisiert; die IV. Definition bezeichnet dagegen die subjective Seite des Erhabenen: Erhaben ist, was auch nur denken »zu können, ein Vermögen des Gemütes beweist, das jeden »Massstab der Sinne übertrifft ;« endlich scheinen beide Seiten des Erhabenen die objective und die subjective, zusammengefasst in der V. Definition Kants: »Das Gefühl des Erhabenen wird dadurch hervorgerufen, dass die Vernunft das Verlangen an die »Einbildungskraft stellt, dasjenige im Vergleich zu dem alles klein »erscheint, in eine Einheit zusammenzufassen, und hierzu ist die Einbildungskraft nicht im Stande, sie zeigt somit die Überlegenheit der Vernunft über die Sinnlichkeit. Ich habe, nachdem ich bereits eine Erklärung des subjectiven Vorgangs kurz gegeben habe, diesen Kantischen Worten nichts mehr hinzuzufügen; nur möchte ich noch darauf hinweisen, dass wir uns nicht völlig correct ausdrücken, wenn wir sagen: Dadurch, dass es uns klar wird, dass wir als Vernunftwesen der Sinnlichkeit der Natur überlegen sind, erfolgt der ästhetische Rückschlag. In der That ist es so, dass wir uns unserer Doppelnatur als Sinnenwesen und Vernunftwesen bewusst werden, aber gleichzeitig das

Unbegrenzte des (eigenen) sittlichen Willens dem Beschränkten der e i g e n e n Sinnlichkeit entgegensetzen.

Wie uns auf der einen Seite die scheinbare Unendlichkeit, ·das ins Ungeheure Sichausdehnen der natürlichen Gebilde mit dem Schauer der Erhabenheit ergreift, so ist es auf der anderen Seite die Gewalt der in Bewegung befindlichen Natur, die uns auf eine Kraft schliessen lässt, im Vergleich mit welcher unsere Kraft, wenn wir uns als Sinnenwesen betrachten, verschwindend klein ist. Es ist der Widerstand, an welchem wir die Kraft messen. Einem Sturm, der Bäume entwurzelt, der Brücken zer-bricht, der Schiffe zertrümmert, einer Wasserflut, die Dämme zerreisst und die menschliche Arbeit durch einen einzigen Anprall zerstört, stehen wir als Sinnenwesen hilflos gegenüber. Aber hier ist es wiederum die andere Seite unseres Wesens, welche sich der eigenen Sinnlichkeit entgegensetzt. Die Selbstachtung der Vernunft wächst auf Kosten einer Geringschätzung der Sinnlich-keit unseres Wesens. Dabei versteht sich übrigens von selbst, dass wir (und unsere Mitmenschen) bei Betrachtung eines er-habenen« Vorganges nicht in Gefahr sein dürfen: das Schöne, wie das Erhabene gefällt nur i m B i l d e , n i c h t als Wirklich-keit. Sind wir und unsere Mitmenschen wirklich in Gefahr, so ist die ästhetische Betrachtungsweise nur einer frivolen Natur möglich. Es ist ein Nero, der bei dem Anblick des brennenden Roms den Untergang Trojas besingt.

# Vita.

Natus sum Georgius Guilelmus Nicolai a. d. IV. Kal. Dec. anno h. s. LXIII Tannrodae, in vico prope Vimariam urbem sito, patre Frederico Oscare, qui nunc in oppido Thuringiae, cui nomen est Allstedt, munere fungitur patoris et superintendentis, addictus et idem consiliarius consistorio Vimariensi, matre Amalia e gente Starkiana Jenensi. Fidem profiteor evangelicam. Primis litterarum elementis ab ipso patre instructus, cum tertium decimum agerem annum, gymnasium adii Vimariense, quod per sex menses frequentavi. Anno h. s. LXXXII, cum parentes interim domicilio commutato in oppidum Allstedt penates transtulissent, et ipse gymnasium reliqui Vimariense, ut fere sub oculis parentum in oppidi Sangerhausen gymnasio studiis me darem. Unum ibi moratus annum vicesimo vitae anno maturitatis testimonium adeptus sum. Ac primum quidem Jenam me contuli ibique lectiones virorum doctissimorum Delbrück, Sievers, Gaedechens audivi. Auctumno autem eiusdem anni LXXX h. s. Jenam litterarum universitatem, cum valere iussissem, Argentoratum me contuli, ubi et stipendia merui et singulas per sex menses audivi scholas. Post unum stipendii annum Jenam redux per duos annos lectiones andivi vv. dd. Delbrück, M. Schmidt, Gädechens, Götz, Schäfer, Liebmann, Klopfleisch, Kluge, Gelzer, Hirzel, Nippold, Litzmann. Benevolentia Goetzii et Gelzeri mihi contigit, ut exercitationibus seminarii philologici per annum et sex menses interessem. Cum auctumno anni h. s. LXXXVI Jena relicta Kiliam me conferrem, novis atque antea a me alienis studiis operam navavi. Tunc enim primum exercitationibus philosophicis, quas Glogau v. d. moderabatur; primis philosophiae elementis imbutus sum, ac tunc demum lectionibus R. Foersteri, quibus

historiam artium graecarum edocebat, philologiam non id tantum
spectare didici, ut scripta veterum explicaret et emendaret, sed
etiam, ut in artes, res privatas publicasque, instituta et caerimonias
inquireret. P. W. Forchhammer et R. Foerster vv. dd. benevo-
lenter mihi permiserunt, ut per unum annum seminarii philologici,
per unum annum et sex menses proseminarii philologici sodalis
essem. Audivi praeterea lectiones vv. dd. Blassii et Glogavii.

Omnibus viris doctis supra laudatis, quos quam bene de me
meriti sint, non nescio, ex intimo pectore gratias ago.

# Thesen.

1. Die Verse Tib. I, V, 45, 46 sind als unecht auszuscheiden.

2. Die sog. Delialieder Tibulls (Tib. lib. I c. I, II, III, V, VI) sind in der Reihenfolge c. II, VI, III, I, V entstanden.

3. Der Neuplatonismus repräsentiert eine consequente Weiterbildung des Platonischen Systems.